ハッダ出土

仏　頭

# 釈　迦

● 人と思想

副島正光著

4

CenturyBooks　清水書院

# 釈迦について

### 釈迦という名の由来

この本で釈迦《しゃか》と呼ぶ人は、仏教の開祖のことである。しかし、釈迦とはかれが生まれた種族の名であって、かれの本名は「ゴータマ＝シッダッタ」（「サルヴァールタ＝シッダ」と記す本もある）であった。釈迦と呼ばれるようになったのには、つぎのような事情がある。かれが出家をして悟《さと》りを開いたので、人びとが尊称して、かれをシャーキャムニと呼んだのである。シャーキャムニとは、シャーキャ族出の聖者という意味である。そしてインドの仏典を、昔中国人が訳したときに、シャーキャムニを釈迦《しゃか》牟尼《むに》と音写したのである。それがさらに省略されて、釈迦と呼ばれるようになったのである。また釈尊《しゃくそん》という呼びかたもあるが、これは釈迦の釈と、牟尼《むに》の意訳である尊者の尊をあわせたものである。

### 生存年代の諸説

つぎに釈迦の生存年代について、ひとことのべておきたい。なにぶんにも古い時代の人である点と、インドでは信頼できる歴史の本がほとんどなかったため、釈迦の生存年代に関しては、いろいろな説が展開された。セイロンを中心とした南方仏教徒は、一般に釈迦の生存年代を、西暦紀元前六二四年〜五四四年としている。そして去る一九六六年に、南方諸国では釈迦入滅《にゅうめつ》（釈迦死亡）二五〇〇年の記念式典を行なったのである。しかし学問的な研究によれば、釈迦のじっさいの生存年代は、ややくだるようである。いままでの学者の研究成果は、二つの大きなグループに分けることができる。一つは、入滅を紀元前（西暦紀元、以下同じ）四八〇年代と推定するものであり、もう一つは、生誕を紀元前四六〇年代、入滅を紀元前三八〇年代と推定するものである。この両者間にすでに一〇〇年の差異がある。紀元前五四四年入滅とする南方仏教徒の説と、紀元前三八〇年代入滅の最もくだった年代をとる説（正しくは、前三八三年入滅）との間には、じつに一六一年の開きがある。このような差異がでてくる原因は、いい伝えの違い、依《よ》っている資料の違い、資料の解釈の相違などによるものである。古代史における年代決定（とくに紀元前における年代決定）がむずかしいことは、世界の歴史において常のことである。そして、インドの歴史においては、とくにそうなのである。

**個別よりも普遍の重視**

古代において、インド人は、哲学・宗教に関する文献を多く残した。ところが、信頼できる歴史書は、ほとんど残さなかった。そのことは、かれらが個別的な歴史記述に興味をしめさなかったことを意味するであろう。つまりかれらは、普遍的なものに興味を感じたのであり、個別的なものにはあまり関心をもたなかったのである。いいかえると、かれらは、真理や、価値や、あるべき実践などの探究に関して、その成果を個人の名前に結びつけるようなことは、あまりしなかったのである。それが、真理であるならば、それをだれがいったってかまわないのであり、真に価値あることであるならば、それはだれの言葉《ことば》であろうともかまわない。それが真にあるべき実践ならば、だれの実践であろうとかまわないわけである。要は何が真理であり、何が真の価値であり、何が真に実践さるべきことであるかということである。したがって、だれの言であり、だれの実践であるかということは、問題ではないのである。

## 釈迦の伝記や思想を書くむずかしさ

インドの古代においては、このように普遍的な真理・価値・実践の探究が中心問題であり、個人崇拝の考えかたは弱かった。そのため、個人の名前に結びつけた伝記や思想を再現しようとすると、ひじょうな困難をともなうのである。じじつ、釈迦に関する伝記が書かれ、像が彫られ、絵が描かれることなどによって、個人崇拝の傾向が強められてくるのは、釈迦の没後数百年をすぎたころからなのである。このようなわけで、釈迦の伝記を書き、思想を再現するには、いまだに困難な問題が多々あるのである。この本の記述は、ある資料によったものであるが、その論拠はそのつど、のべることにする。

# 目次

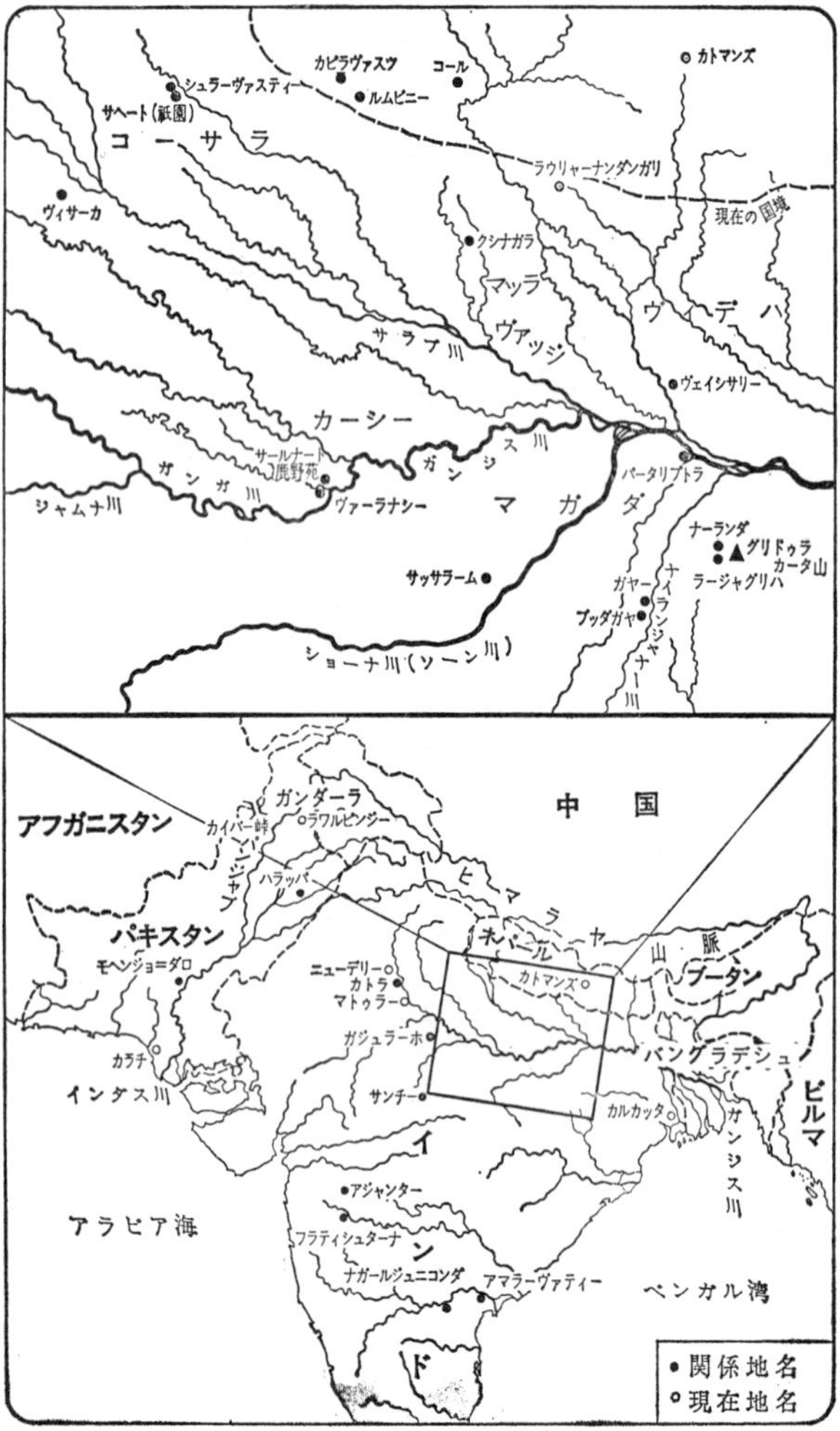
カトマンズ
カピラヴァスツ
コール
シュラーヴァスティー
ルムビニー
サヘート(祇園)
コーサラ
ラウリャーナンダンガリ
現在の国境
ヴィサーカ
クシナガラ
マッラ
ヴァッジ
ヴィデハ
サラブ川
ヴェイシサリー
カーシー
ガンジス川
サールナート
鹿野苑
ヴァーラナシー
ガンガ川
ジャムナ川
マガダ
パータリプトラ
ナーランダ
グリドゥラカータ山
ラージャグリハ
サッサラーム
ガヤー
ブッダガヤ
ナイランジャナー川
ショーナ川(ソーン川)
中国
アフガニスタン
ガンダーラ
カイバー峠
ラワルピンジー
パンジャブ
ハラッパ
ヒマラヤ山脈
ネパール
カトマンズ
パキスタン
モヘンジョ=ダロ
ニューデリー
カトラ
マトゥラー
ブータン
ガジュラーホ
バングラデシュ
カラチ
インダス川
サンチー
カルカッタ
ビルマ
インド
ガンジス川
アジャンター
アラビア海
プラティシュターナ
ナガールジュニコンダ
アマラーヴァティー
ベンガル湾
関係地名
現在地名

釈迦関係の地図

# I 釈迦の生涯

# はじめに

## 生涯を書くにあたって

釈迦の伝記としては三つの基本的な文献がある。それらは『マハーヴァストゥ』『ラリタヴィスタラ』『ブッダチャリタ』である。本書ではこれらのうちでも、特に有名な『ブッダチャリタ』を中心にして、釈迦の生涯を紹介したい。

しかし、この三つの文献のいずれも、多分に神秘化・美化・超人化されており、書かれている内容のすべてが、歴史上の釈迦の実話とは考えられない。

そこで、比較的無難《ぶなん》と思われる線で、内容の取捨選択を行ない、釈迦の生涯を紹介したい。

## 『ブッダチャリタ』について

この本は二世紀の仏教詩人アシヴァゴーシャによって書かれたものである。原文はサンスクリット語で書かれ、もともとは、二八章あったらしい。だが現存するサンスクリット本は一七章までである。さらにそのうちでも、一四章までがアシヴァゴーシャの自作であって、一四章末から一七章までは一八三〇年にアムリターナンダが補書したものと考えられている。[1)]

1）山田　龍城　著　梵語《ぼんご》仏典の諸文献　六七～六九ページ

ところが、幸いなことに、二八章すべてが、漢訳（北涼天竺三蔵曇無讖《ほくりょうてんじくさんぞうどんむせん》訳[1]『仏所行讃《ぶっしょぎょうさん》』）として残っているのである。

漢訳『仏所行讃』を現存のサンスクリット本と比較すると、一四章前半までがサンスクリット本と一致している。ところがその後、西域地方から『ブッダチャリタ』の断片と思われるものが発見された。そして、研究の結果、これが漢訳の第一六章の一部と合致することが明らかにされたのである。

この結果、アシヴァゴーシャ[2]の『ブッダチャリタ』はもともと二八章あり、漢訳はその翻訳であることが確信されるにいたったのである。

そこで本書では、完結した形で残っている『仏所行讃』[3]を中心にして、その内容を紹介したいと思う。

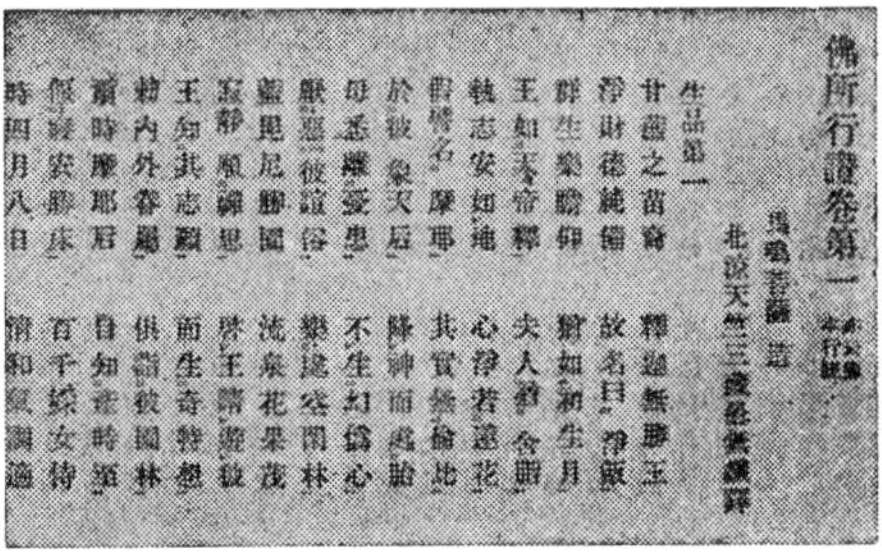
佛所行讃卷第一 馬鳴菩薩造 北涼天竺三藏曇無讖譯
生品第一
甘蔗之苗裔 釋迦無勝王 淨財德純備 故名曰淨飯
群生樂瞻仰 猶如初生月 王如天帝釋 夫人猶舍脂
執志安如地 心淨若蓮花 假譬名摩耶 其實無倫比
於彼象天后 降神而處胎 母悉離憂患 不生幻僞心
厭惡彼諠俗 樂處空閑林 藍毘尼勝園 流泉花果茂
寂靜順禪思 啓王請遊彼 王知其志願 而生奇特想
勅內外眷屬 倶詣彼園林 爾時摩耶后 自知産時至
偃寢安勝床 百千婇女侍 時四月八日 清和氣調適

仏所行讃

1) 金倉圓照《えんしょう》博士の研究によれば、じつは宝雲《ほううん》の訳とみるべきである、とのことである（宗教研究一五四、一一〇ページ）。

2) アシヴァゴーシャ（Aśva ghoṣa）は一・二世紀ごろの人で、馬鳴（めみょう）と漢訳されている。文学・音楽に通じた仏教徒であった。

3) 本書、ことに生涯編は『仏所行讃』等に準拠した所が多いが、同書の持つ雰囲気を正確に把握させるために、直訳体を用いたところもある。その点を諒とされたい。

# 誕　生

### ルムビニー園での誕生

釈迦は、シャーキャ族の王シュッドダナを父とし、マーヤーを母として、この世に生を享《う》けた。母マーヤーは、子の誕生が近づいてきたとき、シャーキャ族の首都カピラヴァスツの、そうぞうしい城をさけ、泉が流れ、花と実が茂る、静かなルムビニー園に行くことを望んだ。王は妃《きさき》の願いを入れ、多くの男女のお供をつけて、ルムビニー園に行かせた。そしてこの清澄な園で、釈迦は、太子として生まれたのである。ルムビニー園は、現在のネパール国の南部、インドとの国境付近にある村である。生まれたのは、清和の気あふれる四月八日だという。父王が生まれた太子を見ると、常人と異なった奇特《きどく》の相をしていた。王は驚き緊張し、喜びと恐れの思いとが、交互に胸にせまってくるのを禁じえなかった。

### バラモンの相《そう》占い

そのとき、その園のなかに、相を見ることにすぐれた名高いバラモン（祭祀《さいし》をつかさどる最高の階級のもの）がいた。かれはやってきて、太子の相を見ると、とびあがらんばかりに喜んでいった。「このようにすぐれた相の人は、かならず悟《さとり》を開くだろう。そして、もしこの世間にとどまるならば、武力を用いずに世界を統一することのできる、転輪王《てんりんおう》となるであろう。またもし家を出て山林に住まうようなことになれば、専心に解脱《げだつ》を求めて、真の智恵を成就して、普《あまね》く世間を照らすようになるだろう、」と。転輪王とは、武力を用いずに、世界を征服する徳のすぐれた王という意味である。王はバラモンのいうことを聞いて歓喜し、バラモンにたくさんの供養《くよう》（供え養うこと。後世、死んだ人に対しても追善供養の意味で用いられるようになった。）をした。そして王は、すぐれた子を生んだことを喜び心にこう決めた。「この子は自分の王位をついでくれるだろう。わたしはすでに年をとったから、この子が大きくなったら、わたしは家を出て、山林で清い行《ぎょう》を修めよう。そして、この子に世を捨てて、山林に行かせるようなことは、させないようにしよう、」と。

## アシタ仙の相占い

そのころ近くの園林に、アシタと名づける仙人《せんにん》がいた。かれは、長いあいだの苦行生活によって鍛《きた》えあげた仙人で、相を見ることにもすぐれていた。仙人が王宮にやって来たので、王は太子を仙人に見せた。仙人は、容貌《ようぼう》きわめて端厳《たんげん》で、天人とほとんど異ならない太子を見ると、涙を流して、長いためいきをついた。王は仙人が泣いているのを見ると、にわかに心がおののき、思わず座より立ちあがり、仙人ににじりよ

仏の誕生
（ナガールジュニコンダの出土で３世紀ころのもの。釈迦は傘蓋《さんかい》や足跡によって象徴的に表現されている）

っていった。「なぜ泣くのだ。この子は寿命《じゅみょう》が短いとでもいうのか。」と。仙人はいった。「王よ、そうではない。恐れることはない。この子はのちに、五欲（目・耳・鼻・舌・身の欲）に執着することを嫌《きら》い、聖王の位を捨てて、出家して、覚者《かくしゃ》となるであろう。そして真実を語り、もろもろの群生《ぐんじょう》のために迷いを取り除いてくれるだろう。わたしはすでに年をとりすぎている。この子が悟《さと》りを開いて覚者となり、正しい法を説くときまで、わたしは生きていられない。わたしが泣いたのは、そのことを思ったからである。」と。王や群臣たちは、この話を聞いて安心した。ただ王は、太子がのちに出家するという占いには、積極的に喜べなかった。しかし奇特《きどく》の子を心から敬重し、天下に大赦《たいしゃ》を施し、牢獄《ろうごく》をことごとく開いて、いっさいの罪人を許したのである。また、そのころ信仰されていたいっさいの天神を祭り、もろもろの群臣や国中の貧乏人に、施しを与えたのである。

## 母マーヤーの死

幼ない太子にとって、また王にとって悲しい出来ごとが起こった。太子の母マーヤーが太子の誕生七日目に、産後の肥立ちが悪くて死んでしまったのである。王や親戚《しんせき》はたいそう悲しみ、太子の養育をだれにまかせようかと、いろいろ思い悩んだ。あれこれと考えたすえ、王は太子の養育を、母マーヤーの妹であるマハープラジャーパティに、まかせることにした。かの女は、実母のごとく太子を養育し、りっぱに育てあげ、のちに、釈迦の父であるシュッドダナ王の妃となり、一子をもうけた。

# 少・青年時代

## 勉学

太子はいっさいの徳を備えているという意味で、サルヴァールタ＝シッダと名づけられた。マーヤー夫人の妹であるマハープラジャーパティは、この幼くして母を失った太子を、自分の子のように愛育した。太子もまた、かの女を実の母の如く敬愛した。太子はこのような環境の中で、日一日と生長し、また生まれながらのすぐれた顔貌《がんぼう》も、ますます徳相を増した。身には価のつけようのない栴檀《せんだん》の木からとった香や、その他の香や、身を護る神仙《しんせん》の薬と瓔珞《ようらく》（玉をつなげた首かざりのこと）とをつけていた。隣国の王たちは太子の誕生を聞いて、めずらしい牛車や羊車や鹿車や馬車や、そのほか宝物や装飾品を贈って、太子の心を喜ばそうとした。このようにして、絶《た》えず、すばらしいものや、めずらしい玩具《がんぐ》で、太子はとりまかれていたのである。しかし太子は、そういうすばらしいものだけではなく、ちょっとした玩具にも心を止めて、豪華な雰囲気《ふんいき》に、自《みずか》ら染まろうとする傾向は、あまりなかったようである。こういうところにもかれの物質的・外面的なものよりも、精神的・内面的なものへの傾向が、強かったようである。太子は七歳になると勉強を始めたようである。その内容は字の習得と算数から始められた。やがて十二歳になるころまでに、後の国王として、必要ないっさいの学問や武芸などを学び、身に修めたようである。なかなか聡明《そうめい》な

若い女の像
（前2世紀ころのもの）

子であって、ひとたび聞けば師匠を越えるほどであった。

## 結婚

シュッドダナ王は太子の聡明、深慮な態度を見て、太子にふさわしい娘をかれの妃《きさき》としてさがすことになった。父王は広く有名な豪族や、しつけのりっぱな家々を訪れ、ついに容姿《ようし》端正《たんせい》なヤショーダラーという娘を見つけた。父王はこの娘を太子の妃として迎えようと思い、娘を宮殿に招き、太子の心に止めさせたのである。やがて志《こころざし》高遠にして、徳の盛んなる太子と、美しき容貌《ようぼう》と淑妙《しゅくみょう》なる姿のヤショーダラーとは結婚し、結婚生活をいとなんだのである。インドでは昔も、また今日でも、一般に、男女の結婚年齢は若いのである。そして結婚生活はおおらかで、のびのびとしている。太子もその例にもれず、十七歳のときに結婚したといわれる。そして王は、かれらのために、清浄なる宮を建ててくれた。それは広くてきれいで、すばらしい装飾がなされ、高く虚《こ》空《くう》にそそり立ち、暖かさ、涼しさが春夏秋冬に適するようにくふうされていた。また伎女《ぎじょ》たちは太子をとり囲み、妙《たえ》なる音楽をかなで、まるでそこは神々の住む天のようであった。このようにして、父王は、アシタ仙《せん》の予言もあったので、太子に厭世《えんせい》の想《おもい》を起こさせないようにしたのである。

**三人の妃**

『仏本行集経《ぶつほんぎょうしゅうきょう》』『修行本起経《しゅぎょうほんききょう》』によると、太子の妃は三人いて、太子は三つの宮殿をかわるがわる訪れたという。

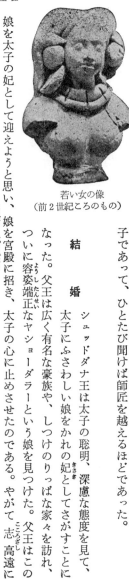

やがて賢妃ヤショーダラーは、男の子を生んだ。その子はラーフラと名づけられた。シュッドダナ王は太子に子どもができたのを見て、心にこう思った。

「太子はすでに子を生んだ。これで、家系は相《あい》継続して絶えることはないであろう。太子はすでに子を生んで、その子を愛することは、自分と同じであり、出家を考えるようなことはないであろう。わたしは力《つと》めて善を修めよう。自分の心は今大いに安らかであり、生天の楽しみに異ならないくらいである」と。

釈迦とその妃ヤショーダラー
（6世紀ころつくられたものでアジャンターの第19窟にある）

## 当時の出家について

釈迦が生存した時代のインドでは、出家ということはそれほど特殊なことではなかった。このころのインドの社会は、家父長的家族制度が、一般的になりつつあったのである。したがって家長となる男の役目が重要なのであるが、このころ理想的な男の一生は、つぎのように考えられていた。

男の一生を四時期に分ける。学生期・家住期・林棲《りんせい》期・遊行《ゆぎょう》期の四時期である。学生期とは現在の生徒・学生と同じように、将来一人前のりっぱな人となるために、先生について勉強する時期である。家住期とはひととおりの勉強が終わってから結婚し、子どもを養い、家長としての務を行ない、かつ社会的な責任を果たす時期である。したがって太子は、家住期にそろそろ入りつつあったわけである。林棲《りんせい》期とは、子どもも一人前に成長し、年をとってから、今までの世俗的な生活や、世俗的な欲望からいっさい離れて、家を出て、森林のなかで静かに生活する時期である。遊行期とは、林棲期において、自分の死期がだんだんと近づいて来たことを感じたとき、諸国遊行の旅に上り、旅の途上で死ぬのを理想としたのである。これがインドにおける四住期である。

釈迦の父シュッドダナ王も、釈迦が一人前になってくれたら、適当な時期に、出家して、林棲期の生活を送ろうとしていたのである。その釈迦が結婚し、ラーフラを生んだので、子を愛し、世俗的なことに熱中してくれるものと思って自分は安心して引退できる、と思っていたのである。また当時のインドの社会では、林棲期における出家のほかに、もう一つの出家があった。これは必ずしも年齢に関係なく、哲学的思索に打ち込むことによって、人生ならびに宇宙の根本原理をきわめよう、とする人たちであった。かれらはシュラマナと呼ばれ、伝統的なバラモンと区別された。釈迦の父シュッドダナ王が釈迦について恐れていたのは、シュラマナとして出家することに対してであった。

### 太子の厭世《えんせい》

シュッドダナ王の国は、小国ではあったが、ヒマラヤの南側にあって米作を主産業とした豊かな国であった。そこで太子の日常の生活は、物質的には何一つ不自由のないものであった。それでいながら、かれはこの宮殿の生活に、満足できなかったのである。かれは人が一生のうちで、だれもが経験しなければならない、生きてゆくこと、老いてゆくこと、病《やまい》にかかること、そしてやがて死んでゆくことに対して、あれやこれやと思い悩んでいたのである。この生・老・病・死に対して、悩み始めた経過を「四門遊観《しもんゆうかん》」の設話が説明している。これはあくまで設話であるが、かれがどのようなことを問題にしていたかを知るには、やはり参考になるのである。そこでその概略を述べておこう。

### 老衰の人をみる

太子の宮殿は虚空《こくう》にそそり立つみごとなものであった。だが宮殿のそとにもいろいろな園林があった。そこには、泉が流れ、清涼な池があった。そして木々は生い茂り、気持のよい木陰《こかげ》を作っていた。またもろもろの奇鳥が飛びかい、戯《たわむ》れ、水陸の花は、色あざやかに咲き乱れ、妙香《みょうこう》を放っていた。伎女《ぎじょ》たちは奏楽《そうがく》し、絃歌《げんか》しながら、太子にそこへ行くことをすすめたのである。太子はその話を聞くと、自分もそこへ行ってみたくなった。父王は、太子がかの園に行きたいというのを聞き、さっそく、群臣たちに、宮殿からその園までの道をきれいにさせ、また老人や病人や、かたわの者を、太子の目に触れさせないように、ととのえさせた。やがて、出発の日がやってきた。道すじには花がまかれ、かざりたてた馬車に乗って、太子らの一行はでかけたのである。途中までくると、衰えきった一人の老人に、ばったり出会ってしまった。太子はそのような老人を、あまり見たことがなかったので、御者《ぎょしゃ》に問うた。「この人は、いったいなんなのだ。頭は白く、背はかがみ、目はくらみ、身は小さくふるえており、杖にたよって、弱々しく歩いておる。にわかに変じて、このようになったのであろうか、それとも、生まれながらにこうだったのだろうか、」と。御者は答えていった。「この人は、色が変わり、呼吸はかすかとなり、憂《うれ》いが多く、歓楽は少なく、喜びはとっくに忘れてしまい、もろもろの感覚器官は弱っている。こういう状態は、老衰の相と、名づけられるのです。この老人ももとは、嬰児《えいじ》であり、母の乳によって長養せられ、子どものときは、遊びたわむれ、壮年のときには、五欲を恣《ほしいまま》にし、年をとってから形が朽《く》ちはててきて、今は老いのためにこわれそうになっているのです、」と。

太子「ただかれだけが老衰するのであろうか。それとも、われわれもまたこうなるのだろうか。」

御者「太子もまたこうなるでありましょう。時が移れば形は自《おのずか》ら変じて、必ずこのようになるのです。少壮なるものが、老いない例はないのです。」

太子は老衰の人を見、かつ御者の話を聞いて、すっかり意気消沈してしまった。一瞬一瞬自分も老衰に向かっていることを思うと、もはや園林に、遊びに行く気にもなれなかった。そのまま車をめぐらして、宮殿に帰ったのである。

**病人・死人を見る**

太子が沈んでいると聞いて、王は再び、かの園林に、太子を出遊させることにした。その途中、こんどはまた、病人に出会ってしまった。病人は、身体はやせて衰えているが、腹だけは水がたまって、ふくれあがり、呼吸はせきをしており、手足は引きつれたように枯燥《こそう》して、悲しく泣きながら、呻《う》めいていた。太子は御者に問うた。「この人は何なのだ、」と。御者は答えた。「この人は病人です。身体の構成要素が、すっかり弱ってしまって、回復できないのです。ただ横になって、他人の助けを待っているのです、」と。

太子「かわいそうなことだ。だけど、この人だけが、病《や》んでいるのか。それとも他の人たちも、またこうなるのだろうか。」

御者「この世間の人は、だれでも、このようになるでしょう。身体があれば、必ず患《うれい》があるのです。」

太子は病人を見、かつ御者の話を聞いて、大恐怖を生じ、心身ことごとくが、ふるえてきた。太子は、病苦の問題が解決しなければ、物見遊山《ものみゆさん》どころではない、と念じ、また車をめぐらして、還《かえ》ってしまったのである。そして日夜憂愁《ゆうしゅう》の思いで、老人のことや、病人のことを、自分の身に引き替えて考えていた。

王は、太子が病人を見て、還ってきたことを知ると、非常に不安がり、道路係の者を、きびしく責めた。そして太子が厭世的《えんせい》にならないようにするため、太子を取りまく伎《ぎ》女たちの数も増し、また音楽も、前よりも盛んにした。王自身、さらに勝妙の園を探しに出かけ、そこを見つけると、えりぬきの美艶《えん》最上の采女《うねめ》（宮廷内で仕えている女の人）たちを、そこに配置して、太子を待たせた。また御者にも、こんどは途中で還ってきてはいけないと強く命じて、太子たちの一行を送り出した。一行が途中まで来ると、四人で、輿《こし》をかついでいる一行に出会った。その輿の後には、人々が従い、あるものは憂《うれ》いに沈み、あるものは髪を乱し、泣きながら、従っていた。太子と御者がまず気がついた。太子は御者に問うた。「これは、なんの輿だろう、」

と。御者は答えた。「死人です。もろもろの感覚器官の働きがなくなり、命が絶え、心は散じ、記憶したり、考えたりする力が失われてしまっているのです。働きがなくなり、形だけが枯れ木のように硬直しているのです。親戚《しんせき》や、朋友たちの恩愛は、もとより綿々《めんめん》たるものがあったであろうが、今は、喜んで見ることもできず、空《むな》しく遠い墓場へ棄《す》てに行くところです、」と。太子は死ということばを聞いて、悲痛の思いにみたされながら、さらに問うた。「ただこの人だけが死ぬのだろうか。それとも、天下の人がまたみな、そうなのだろうか、」と。御者は答えた。「だれでもみなそうなのです。始めがあれば、必ず終わりがあるのです。老いているものも幼いものも、身体《からだ》があれば、滅びないものはないのです、」と。太子はおおいに驚き、身を車軾《しゃしょく》の前にたれ、息もほとんど絶えそうであった。太子は御者に命じた。「車をめぐらして還れ。遊戯の時ではない。いつ死が訪れるかもわからない。どうして心をほしいままにして、遊んでいられようか、」と。御者は、王からかならず園林に行くように、厳命されていたので、王を恐れてあえてめぐらそうとしなかった。そのまま、馬車を超スピードで走らせて、かの園林に到着してしまった。

**園林での太子**

太子の一行が到着した園林は、木々が緑に美しく、変わった鳥や獣《けもの》どもが飛走し、喜んでいた。園林全体の明かるい美しさは、天のナンダヴナ園（ヒマラヤの北にあるインドラ神の森）のようであった。太子が園林にはいってくると、多くの女たちが太子を出迎えた。かの女たちは、太子に、まれにしか会えないことを思い、競い合って、太子に媚《こ》びた。おのおの、たくみにポーズを尽くして太子に仕えた。ある者は太子の手足をとり、あるものはあまねくその身をなでた。またある者は向かいあって言笑《げんしょう》し、ある者はうれいにいたむようなポーズをして太子をよろこばせようとした。しかし、太子はいっこうに陽気にならなかった。女たちは太子が少しも心を動かさないのを見て、互《たが》いに顔を見合わせ、だんだんと寂《さび》しくなり、シュンとして言葉もなくなってしまった。このようすを見た太子の友人ウダーイバラモンは、女たちにこう告げて、はげました。「あなたたちは、端正聡明《たんせいそうめい》であり、技術も多く知っている。色力の方も常人を越え、男女の機微《きび》にも、よく通じている。容色すばらしいあなたがたには、天の神々でさえ、見ればその妃をすてて、やって来るだろう。仙人でも心が傾くであろう。どうして人王の子である太子の心を、動かせないことがあるであろうか。今この太子は、心を堅固にして、清浄の徳を備えているが、女人の力には勝てないのだ。昔、美女スンダリーは大仙人の心を動かし、愛欲を習わせたではないか、長い間苦行したガウタマも、天后のために、愛欲に溺《おぼ》れたし、ヴィシュヴァーミトラ仙も、一万年もの間、修道したのに、深く天后に傾いたため、一日のうちに破滅したではないか。このように、美女の力というものは、清い修行の力にも勝《まさ》るものなのだ。ましてやあなたがたのように、技術にすぐれているものが、どうして太子を感じせしめないことが、ありえようか。さあ、もっと勤《つと》めて、わが国のあとつぎに、出家の心など起こさせないようにしてくれ、」と。

そのとき、采女たちはウダーイの説を聞いて、たいそうはげまされ、喜んだ。かの女たちは良馬にむちを加えたように、喜び勇んで、太子の前にいたり、おのおの、とっときの秘術を披露《ひろう》した。かの女たちは、歌ったり、踊ったり、あるいは言笑し、眉《まゆ》を揚《あ》げて白歯をあらわしたり、美しき目で斜《なな》めに見たり、薄い衣に身体の線を現わしたり、なまめかしくゆったりと歩いたりしているうちに、太子にようやくなれて来て、かの女たちの方で、先に情欲が高まってきた。

一方太子の方は、心が堅固であるので、傲然《ごうぜん》として容《かたち》を改めなかった。それはあたかも、巨象が、群象に囲まれているようであった。それでも、かの女たちは、さらに拍車をかけた。まさに太子は、シャクラデーヴェーンドラ（天の神々の中でも中心的な神）が、天女たちに囲まれているようであった。かの女たちはだんだんとなれてきたので、太子のために、太子の衣服を整《ととの》えてあげたり、手足を洗ってあげたり、あるいは香を身に塗ってあげたり、あるいは花でもって飾ってあげたり、瓔珞《ようらく》を着けてあげたり、身を抱いたりした。あるいはまた、かの女たちは、太子に寝やすいように枕を整えたり、身を傾けて密話《みつわ》したり、あるいは世の中のおもしろい話や、情事に関するような話までもした。最後には、かの女たちはみんなして、男女のもろもろの欲形まで作って、太子の心を動かそうとした。普通の人ならば相好《そうごう》をくずし、よだれをたらし、溶《と》けてしまいそうな雰囲気《ふんいき》であった。

だが、太子の目には、馬鹿が徒手体操をしているほどにしか、映《うつ》らなかった。

**生活の転換を願う**　太子は、なに一つ不自由のない生活にあっても、また歓楽のかぎりをつくしても、満足することができなかったのである。このため、かれは現にすごしている生活とは縁を切って、別の生活をしたいと、思うようになってきた。この思いは、時とともにつのり、ついに、かれをして王国も、妃も、子どもも、その他いっさいをも捨てて、出家することに踏み切らせてゆくのである。

## 日本の仏教

日本に仏教が伝来したのは紀元五三八年であったといわれる。『日本書紀』によると、この年に、百済《くだら》の聖明王が使を遣わして、金銅釈迦像と経論などを朝廷に献じた、としるしている。したがって紀元前四世紀に、インドで釈迦がなくなってから、九〇〇年以上もたっているわけである。もちろん日本に伝来した仏教は中国・朝鮮を経由して来たものであって、直接インドからのものではなかった。したがってその後の日本仏教の展開においては、中国仏教の影響を強く受けたわけである。

六世紀の前半に仏教が伝来し、その世紀の終わりには早くも、三経義疏《さんぎょうぎしょ》を書いた聖徳太子のようなすぐれた仏教理解者もでてきた。法隆寺に象徴される仏教文化が、この時代の遺産である。だが、概していうならば、南都六宗に代表されるつぎの時代の奈良仏教、天台・真言の両宗に代表される平安仏教までは、中国で展開された中国仏教を理解するのに、精一杯であったのである。

日本人の血となり肉となった意味での日本仏教はつぎの鎌倉時代まで待たねばならなかった。この時代にでた道元《どうげん》・親鸞《しんらん》・日蓮《にちれん》などが日本の仏教史、さらには日本の精神史に与えた影響は実に多大なものがある。その後、室町時代においてもさらに深さを増した。だがつぎの安土桃山・江戸時代において停滞気味となり概して振わなかった。とくに江戸時代における檀家《だんか》制度の成立は、仏教をいわゆる葬式仏教に堕落させることにもなった。

明治維新の廃仏毀釈《きしゃく》の荒波を乗越えた現在の仏教は、仏典の批判的研究、インド哲学との関係、東西の比較思想論的視点などから、いっそうの研究がなされるようになってきた。

## 当時のインドの社会

**釈迦生存時までのインドの歴史**

釈迦は、白色人種に属するアーリア人だと信じられている（しかし一説には黄色人種であったという説もある）。このアーリア人たちは、昔からインドにいたのではなく、紀元前一三世紀の末ごろに、インドに侵入して来た人たちなのである。アーリア人の故郷はコーカサス地方だといわれる。かれらはやがて、四方に移動を始めた。西に向かったものたちはヨーロッパにはいり、現在のヨーロッパ人の先祖となったわけである。そしてかれらのあるものは、ギリシア・ローマの古典古代の文化の花を咲かせたのである。東南方に向かったものたちは、あるものたちは、イランにはいり、イラン＝アーリアンと呼ばれる人たちとなった。また現在のアフガニスタンのカイバー峠を越えて、インドにはいった人たちは、インド＝アーリアンと呼ばれる人たちとなったのである。

**アーリア人侵入以前のインド**

アーリア人が、インド大陸に侵入してくる以前にも、インドには、高度な文明が栄えていた。それはインダス文明と呼ばれるものである。この文明はインダス川流域（ハラッパやモヘンジョ＝ダロは特に有名）に栄えたものである。近年の発掘によって、いろいろなことが、かなり明らかにされてきてはいるが、この文明の担手《にない》たちが、だれであったかは、必ずしも、よくわかっていない。おそらく現在南インドに住んでいるドラビダ人たちが、その担手であったろう、という説が有力である。だが、その発掘から明らかにされてきたように、上・下水道の完備した、計画的につくられた、高度な都市があったことが知られる。この文明は、ほぼ紀元前三〇〇〇〜二〇〇〇年ごろに栄えた、銅器時代の文明である。四大文明発祥地の一つである、チグリス・ユーフラテス川流域に栄えたメソポタミア文明と多く似ている点がある。しかし、その後、この文明は忽然《こつぜん》として消えてしまった。印章に刻みつけられた文字が、まだ解読されていないので、かれらの精神生活がどのようなものであったかは、よくわからない。しかし、のちにインドの宗教家や、思想家が、精神統一や、悟りのために用いた禅定《ぜんじょう》（足を組んで坐って、心を統一すること）が、すでになされていたことや、後世のヒンズー教の重要な神である、シヴァ神の原形が、すでにあったことがわかっている。

モヘンジョ＝ダロの遺跡

**アーリア人の侵入**

先にものべたように、アーリア人が紀元前一三世紀の末ごろに、カイバー峠を越え西北インドのパンジャブ地方（巻頭の地図参照）に、侵入してきた。かれらは銅器時代に止《とど》まっていた原住民を、すでにかれらが知っていた鉄の武器によって、つぎつぎと征服していった。かれらは征服した原住民を奴隷化し、牧畜を主とし、農耕を従とする生活を行なっていた。ここに、のちのカースト（階級的身分制度）の芽ばえが、すでにでてきている。かれらはまた、この支配・被支配の関係を、天啓文学（人間のつくったものではなく、聖仙の神秘的霊感によって、神より啓示された文学の意味）と呼ばれる『リグ＝ヴェーダ』で正当化している。アーリア人は数度にわたって、インドに侵入してきたが、かれらはやがて、インダス川流域から、ガンジス川中流域へと、その生活圏を拡大してきた。それはほぼ紀元前一〇〇〇年のころである。そして、その後のインド社会の典型と考えられる、カースト的農村社会を形成したのである。

### カースト的農村社会の成立

ガンジス川とジャムナ川の中間の地域は、肥沃な土地であったので、移動してきたアーリア人たちは、いままでの牧畜を主とした生活から、農耕を主とした生活に、切り替わり、定住することになった。この時代に形成された、バラモン（司祭者）を中心とした氏族制農村社会は、もっともインド的なものであり、その後のインドの社会制度の典型となり、今日においてもなお根強く存続している。このころになると、アーリア人と被征服民である奴隷との間の階級的差別のほかに、さらにアーリア人どうしの内部も、三つの階級的身分に、分化してきた。すなわち、祭祀をつかさどるバラモンと、王侯《おうこう》・武士であるクシャトリヤと、農工商にたずさわる庶民であるヴァイシャである。これに、さきの奴隷であるシュードラを加えて四姓といい、これがインドのカースト制度の代表的な階級なのである。そしてヴァイシャ以上の三階級が、再生族と呼ばれ、祭祀を行なうことができ、かつ死後天界に生まれるとされる。このうちバラモン階級が最高とみなされ、かつ長い間その地位を強固に保ちえた。それは、アーリア人の生活が、牧畜を主とした生活から、農耕を主とした定住生活に移ったことに、主要な原因がある。インドの農耕生活、特にガンジス川流域の農耕生活の出来《でき》・不出来《ふでき》は、巨大な自然の恵み・暴威によっていちじるしく影響される。そしてこれらの自然現象は神々のなすわざと考えられていた。やがて、バラモンはそれらの神々をも、祭祀と呪文《じゅもん》によって、自由にあやつることができると考えられるようになった。まさにバラモンの強さと、一般インド人からの尊敬は、インドの自然における農耕と深い関係があったのである。このことは、近年工場による産業の機械化の発展につれ、バラモンの地位がだんだん低下してきていることからも、知られるのである。

一角獣の角印
（モヘンジョ=ダロの出土品）

**カースト的農村社会から都市社会へ**

仏教の開祖である釈迦が出現した紀元前五世紀以後のインドの社会は、ひとつの大きな転換期であった。それを一言でいうならば、カースト的農村社会から都市社会への移行のときであった。この間の経過をやや詳しく述べれば次のようである。

このころまでに、アーリア人はガンジス川をさらにくだって、中・

下流地域に進出してきていた。そこには、なお豊かな大地があった。豊かな大地は異民族どうしにも安らぎを与え、混血がはじまった。物質的生産の豊かさは、しだいに商工業を盛んにし、農村社会のあちこちに小都市が出現し、貨幣経済が本格的になってきた。このようにして小都市中心の群小国家ができ、貴族制政治や共和制政治を行なっていた。やがてこれらの群小国家は統合され、国王の統治する大国に併合されていった。このころ一六の大国があったという。シャーキャ族の国は、こういう大国には、はいらない小さな国であったのである。釈迦が生まれたシャーキャ族の国も、釈迦が出家した後、やがてその西南にあったコーサラ国に滅ぼされてしまうのである。このようにして、インドにおける最初の大帝国が釈迦の死後まもなく、マウリア王朝（紀元前三一七ごろ～一八〇ごろ）として成立するのである。

**思想界の変化**

思想界にも、大きな社会の転換期に対応して、新しい動きがあらわれた。そしてその新しい動きが、逆に社会に作用し、新社会建設の理念になって、影響をおよぼしたことも少なくない。都市の発達につれ、人々が自由に思索しやすくなったため、紀元前五世紀以後には、伝統思想にとらわれない自由思想家群が続出してくる。釈迦も、こういった自由思想家の一人であったのである。こういう人たちはシュラマナと呼ばれて、伝統的なバラモンとは区別されたのである。この時期はインドにおいて、もっとも多種多様な思想が展開した時期である。

バラモン教の祭式万能主義に対する改革は、バラモン教の内部自身から、すでにでてきている。『ウパニ

ヴァルダマーナの像

シャッド』[1]ではしばしば、家庭祭（家庭単位で行なわれる祭祀）や天啓祭（王が中心となって国家的に行なわれる祭祀）を行なうことによって、人が救われるのではなく、智恵によって、ブラフマン（宇宙的原理）を、また、アートマン（個体的原理）を知ることが、重要であると述べている。

だが従来のバラモン教の祭式万能主義をさらにはげしく攻撃し、新思想を展開していったのは、バラモン教の権威を認めない自由思想家群であった。その中には、現在でも、インドでかなりの信徒のいる、ジャイナ教の開祖であるヴァルダマーナもいた。釈迦もまたそういう一人であったのである。釈迦の思想そのもののくわしい説明は、後の「思想」にゆずることにして、釈迦がその後どうなったのか、たち帰ってみよう。

1) 「ウパニシャッド」(Upaniṣad) とは「近くに坐する」意味であり、信頼された弟子が師の近くにすわって教えを受けることであり、「秘教」「密儀」の意味に発展する。

# 出家

**出家への思いつのる**　かの園林でも、太子が少しも喜ばなかったことを聞いた王は、不安になり、ただ五欲の具を増すことによって、太子の心を喜ばせようとした。しかしこのような方法によっては、太子の心は、もはや喜ばない域に進んでいたのである。太子は自分が見聞した老・病・死を、矢を身に受けた獅子《しし》のように、思い悩んでいたのである。もちろん、老・病・死に対する苦悩は、設話にあるようなただ一回だけの見聞によって起こったものではないであろう。かれの母が自分を産んでから、すぐ死んでしまった、という事実は、少し大きくなってからは知ったことであろう。したがって人の世のはかなさについては、人一倍経験していたわけである。また外に出て、農民の生活を見れば、かれらは髪はぼさぼさにして、汗を流し、土にまみれて、苦しい労働にはげみ、体はすっかりつかれてしまっている。また農民が墾《たがや》すことによって、土中のもろもろの虫が殺されている。こういう事実をみるとき、太子には生きるというそのこと自体も、容易なものではなく、むしろ喜びは少なく、苦しみに満ちている、と思われたのである。このような経験を通して、太子はこう思うようになってきた。「人間の世界は、はなはだ辛苦《しんく》に満ちている。老・病・死はたえず、われわれをおびやかしている。世間の人々は、人間が一生を通じてたえず苦を受ける存在であるにもかかわらず、そのことを自覚していない。それでいて他人の老・病・死に対しては、これを厭《いと》うている。これこそ大患と名づけえよう。自分はこれらの問題の解決のために、正法《しょうほう》を求めよう、」と。

### シュラマナに逢う

このころかれはシュラマナ（乞食《こつじき》生活をつづけながら道を求める人、沙門《しゃもん》・比丘《びく》のこと）に逢い、ますます出家への意欲をかられた、と伝えられている。かれが園林で禅定《ぜんじょう》をしていたとき、一人のシュラマナがやってきた。太子は敬い、たって迎え、問うて言った。「あなたはなにびとですか、」と。

シュラマナ「私はシュラマナです。老・病・死を畏《おそ》れ、きらったので、出家して解脱《げだつ》を求めているのです。衆生《しゅじょう》の老・病・死は常に移ろいゆき、停《とど》まることがない。それゆえにわたしは、常なる楽を求めているのです。滅することも、また生ずることもない、またうらむことも、親しむこともない平等の心をもって、物質的な財や、色欲に務《つと》めないのです。身を置く所はただ山林だけです。空寂な所ですから、別にこれといって営むこともない。俗っぽい想《おもい》はすでになくなって、空閑《のどか》に倚《よ》っている。食物もうまいもの、まずいものと、選ぶこともなく、ただ乞食《こつじき》（鉢をもって家々を回り食物をもらうこと）によって身を支《ささ》えているのです。」

このようにして太子は、この出家の生活に心ひかれ、今までの生活とは縁を切って、出家の生活にはいりたいと強く思った。

## 父王への出家の願い

太子はついに、出家への自分の固い思いを父王に告白し、その許しを求めた。

太子「いっさいもろもろの世間は、合会《ごうえ》があれば、かならず別離があります。どうかわたしが出家して、ほんとうの解脱《げだつ》を求めることを、許して下さい。」

父王は出家と聞いて、心おおいにおののき、驚いた。あたかも王象が小枝のように動揺しているようであった。父王は前に進んで、太子の手を執《と》り、涙を流していった。

「今そのようなことをいうのはよしなさい。まだ法に従って出家する時ではない。若いときには心は動揺し、行ないはおいおい過《あやまち》を生ずるものである。まだ心から五欲の対象を厭離《えんり》できる時期ではない。出家して苦行を修《おさ》めても、心を一点に決定することはできない。静かな広野にはいっていっても、心の方ではまだ静まることができない。あなたが心に法を楽しむといったとしても、わたしがそろそろ出家しようかと、思っているような心境とは違うのだ。あなたは国家の仕事を行ない、まずわたしに出家させなさい。父を棄《す》てて祖先のあとをつがないということは、非法である。どうか出家の心をやめて、世間の法を習いなさい。安楽に善名《ぜんみょう》が世間に聞こえて、そのあとで出家すべきである、」と。

太子は、うやうやしくその言葉を聞いていたが、どうしても初心を変えることができず、父王に再三許しを求めた。だが父王も、出家をどうしても許してくれず、ついに話は、平行線のまま、ものわかれに終わってしまった。

父王はさらに、太子のために釆女《うねめ》を増し、また上妙《じょうみょう》なる五欲の楽しみも増した。その上、城の防衛も強固にして、太子が容易に出てゆくことができないようにしたのである。群臣たちも、太子のところにやってきて、広くもろもろの礼やきまりを引いて、王命に従うようにと、勧《すす》めたのである。

**変わらぬ決心と出家の決行**

太子は、父王が悲嘆にくれ、涙を流しているのを見て、しばらくの間、本宮の中にかえり、端坐《たんざ》して、だまって考えていた。ある晩、ふと空を見上げると、月が皓々《こうこう》と照していた。例によって、太子をとりまいていた采女たちは、天神の魔法にかかったごとく、縦横に乱れて昏《こん》睡していた。

長い間、思い悩んでいたかれの心は、ついにかれの身に行動を命じた。

太子は、おもむろに立ち、眠っているもろもろの采女の間を通り、内殿のところで、ややためらったのち、御者《ぎょしゃ》のチャンダカに告げていった。

「わたしは今、心が渇《かわ》いている。甘露《かんろ》の泉を飲みたい。馬にくらを被《き》せて、すぐひいてこい。不死の郷《さと》に行きたいの

釈迦の出城

だ、」と。

御者のチャンダカは、太子の命に従うべきか、王に知らせるべきか、ためらった。だが太子の気迫《きはく》に圧倒されて、思わず白馬をひいてきた。

太子は白馬の首をなでて、白馬にいった。

「父王は常に汝に乗り、敵にのぞんでいた。わたしは今、甘露の泉を求めて出かけようとしている。戦闘や園遊の折には多くの従者がいる。だが苦に遭《あ》うと良友は得難く、法を求めるときには、必ず仲間は少ないのだ。わたしが今出家したいと望んでいるのは、自分をも含めて、衆生《しゅじょう》の苦をなくしたいと欲するからだ。汝もどうか力をつくして、長く駆《か》けてもつかれないでくれ、」と。

こういい終わると、おもむろに馬にまたがり、晨《あかつき》のカピラヴァスツ城をあとにした。

人は太陽が流れるごとく、馬は白雲が浮かぶようであった。清浄なる蓮華《れんげ》の芽が泥水の中から出てくるよ

**太子の出家**
一説によると、太子が出家するとき、五人の従者がしたがったという。かれらは太子とともに苦行生活に打ち込んだ。だがやがて太子が苦行生活を、悟りへつながる道ではないとして、捨て去ったので、かれらは太子が堕落したと思って、太子から離れたのである。後に太子が悟りを開き、仏（覚者）となったとき、かれらは仏の説法を聞き、その弟子になったというのである。

うに、かれは飄然《ひょうぜん》として、城を出ていったのである。

しばらく行くと、宮殿を振りかえり、かれは「生・老・病・死を解決しないうちは、ここにはもどってこないだろう。」と離別の言をのべた。

人と馬と、心はともに鋭《するど》く、流星のごとく駆《か》けていった。東方がまだ暁にならないうちに、すでに三ヨージャナ（ヨージャナは距離の単位。一ヨージャナは約八キロメートル）を進んでいた。

**出家の動機と御者との別れ**

釈迦の伝記のすべてが、出家の動機を、生・老・病・死に対する苦に原因づけている。したがって、これらが出家への、直接の最大の原因であったことは確かであったと思う。

出家した釈迦は、夜が白むころ、バールガヴァ仙人の住む、森の近くにやってきていた。その森は清く広く、禽獣《きんじゅう》は人に親しんでいた。太子は見て、心に喜び、肉体の疲労は自然に息《や》んでいった。

「ここはめでたい処《ところ》だ。かならず、いまだかつてない利を獲《え》るだろう、」と太子は馬から下《お》りた。馬の頭を摩《な》でながら、「汝はすでにわたしを運んでくれた、」といった。

また馬のあとから、夢中になって走ってきた御者のチャンダカに感謝していった。

「駿足をもって走ること、飛ぶがごとく、汝は常に馬のあとについてきた。汝が深く敬《うやま》いつとめて、精を出し、つかれ、あきてしまうことのなかったことを感謝する。ほかのことはともかく、汝の真心《まごころ》に感謝する。敬う心と、勤《つとめ》る行動とがともにそろっているのを、今はじめて見た。人は心に至誠があっても、身力に堪《た》えられない場合が多い。逆に身力に堪えられても、心いたらない場合も多い。汝は今二つながら、ともに備えている。世の栄利を捐《す》てて、進んでわたしにしたがってきた。だれか利に向かわないものがあるだろうか。利がなくなれば、親戚《しんせき》すら離れていく。汝は今、空手《からて》で、わたしにしたがってきて、現世の報《むく》いを求めない、そもそも人が子を生育するのは、宗嗣《そうし》を紹《つ》がせるためである。王を敬うのは、恩養に報いるためである。だれでも皆利を求めるのに、汝だけは利に背いてついてきた。だが汝は、これより、馬に乗って還り、王に心配しないように告げてほしい。」

こういい終わると、太子は身につけていた瓔珞《ようらく》や、その他の宝物をはずして、チャンダカに与え、これでもって汝の憂悲《ゆうひ》を慰めるように、と言った。

## 王への伝言

そのとき、摩尼《まに》（玉のこと。龍王の脳の中にあるという清浄な玉）のついた宝冠を、チャンダカの掌中《しょうちゅう》に置いた。それはあたかも太陽が世界を照らすように輝いていた。太子たるものが身につけるこの宝冠をチャンダカに渡し、太子はかれにこう告げた。「チャンダカよ。この宝冠をもって、汝は王の処《ところ》へ帰ってくれ。そしてわたしのために、王に、わたしの今のこの気持を伝えてほしい、」と。そして王に対する伝言を続けた。

「王よ。どうか愛恋の情を捨てて下さい。生・老・死を脱するために、これから苦行林にはいるのです。また天に生まれ替わることを求めません。ただ憂悲を捨てたいと望んでいるのです。長い間、恩愛を一身に集めていてもかならず別離があります。別離があるからこそ、解脱《げだつ》を求めるのです。もし解脱を得たならば、長く親許を離れることもなくなるでしょう。憂《うれい》を断つための出家ですから、子のために憂えないで下さい。年が若いときに出家するのは、時期を誤っている、という説もありますが、正法《しょうほう》を求めるのに、今はだめだとか、もう少したってから、というようなことは、ないのです。そういうわけで、今日こそ法を求める時だと決心したのです、」と。

太子は右の伝言をチャンダカに伝えて、かれを帰そうとしたが、チャンダカは、なかなか立ち去ろうとしなかった。そしてかれはこういった。

「おおせの通り、王に宣《の》べたならば、ますます王は憂悲を増すことでしょう。第一、太子は深宮に育ち、若いときから楽しみにひたり、身は細軟です。身を刺棘《しこく》林に投ずるような苦行にどうして堪《た》えられましょう。王も年すでに老い、子を念ずるの愛も、また深いのですから、もう一度思いなおして、城にいっしょに帰って下さい。もしどうしてもだめならば、わたしだけは捨てないで下さい。どこまでも、いっしょに行かせて下さい。わたしの心に、熱湯を懐《いだ》くようにして、ひとり国に還《かえ》ることはできない。今このような空野《こうや》の中で、太子を棄てて還《かえ》ったならば、昔ダシャラタ王の大臣であるスミトラが、王子ラーマを棄てたのと、同じになってしまう。今ひとりで城に還ったならば、王になんといい得ましょう。」

太子は別れたがらないチャンダカを、さらに懇々と説き伏せ、迷いの海を渡ったならば、かならず帰るから……、といい聞かせ、チャンダカを無理やりに帰したのである。

### 衣を替える

太子は身に着けていた宝物類は、すべてチャンダカに渡してしまっていた。だが着ている白絹の衣は、出家をするものには、ふさわしくないと思った。そこへちょうど、弓・矢をもった猟師がやってきた。太子は猟師を呼びとめ、その服に特別の愛着がないのであるならば、自分が着ている服と取り替えてほしい、とたのんだ。猟師は、この服は鹿の目を惑わすのになかなかいいので、惜しくないわけではないが、あなたが用いるのなら交換してもよい、といって衣を替えてくれた。

太子はこのようにして、今まで太子として身につけていたいっさいのものを捨てて、苦行林へと向かっていったのである。

時に太子は、二九歳であった。

**シャーキャ族の国**

シャーキャ族の系譜やその国の起源ははっきりしない。だがおよそ、釈迦よりも数代前にこのヒマラヤ山麓に移住してきて、一国を形成したようである。その広さはほぼ東西八十キロ、南北六十キロほどのものであった。釈迦の時代には、南西のコーサラ国に半ば従属していた。シャーキャ族はのちにコーサラ国によってほろぼされたが、その滅亡は劇的である。コーサラのプラセーナジト王は、偉大な釈迦が出たことにちなんで、シャーキャ族の王女を自分の王妃として求めた。シャーキャ族では王女をさし出すことを嫌い、王が下婢に生ませた女を王女と偽ってさし出した。二人の間に生まれたヴィドゥーダバ王が、のちにこの事実を知り、シャーキャ族をほろぼしたのである。

# 苦行時代

## 出家の生活始まる

釈迦は二九歳で出家し、六年間のさまざまな修行の末、三五歳でついに悟りを開くのである。その間、かれはじつに多くの師を求めて修行した。かれが、どのような師のもとで、どのような修行をしたのかを、二、三の例をあげて紹介しよう。

## 苦行林にて

釈迦が最初に訪れた場所は、苦行生活をしている人々の所であった。かれは今まで、物質的になにひとつ不自由のない生活をしていたので、かれはその反動として、苦行の生活の中に、なにか自分が求めている、心の平安が得られる、と思ったのであろう。

釈迦は、チャンダカを帰してから、俗容《ぞくよう》をことごとく捨て、服までも替え、苦行林にはいっていったのである。

苦行林には、いろいろな行者や仙人がいた。あるものはムリガチャーリン（鹿の行をする者）と呼ばれ、鹿のように、草を食べて、山林で遊んでいた。あるものは鳥の生活をまねして、両足で木にとまって食べていた。あるものは、魚をまねて、水の中で住むものもあった。それでは、なぜ苦行者たちはこのような風変わりな生活をしていたのであろうか。

かれらは、こう信じていたのである。苦行を修めることによって、寿命が終わったのち、天に生まれることができる、と信じていたのである。つまり現世《げんせ》の苦行という原因によって、来世の安楽が得られる、と信じたのである。

## 苦行林を去る

釈迦もしばらくは、この苦行林にとどまっていたようである。だがだんだんと、かれらの生活や、かれらの思想がわかってくると、この苦行林での生活に、満足できなくなった。かれが最も不満に思ったのは、来世で安楽をうるために、現世で苦行をする、という考えであった。これでは人間の欲望そのものは、少しも変わっていないのである。ただ現実の快楽主義と違う点は、短い現世での快楽は押えるが、来世では天に生まれて、大いに楽しもう、というのである。

かかる苦行態度は、利己的快楽の一変形である、と釈迦の目にはうつったのである。

今までの、なにひとつ不自由のない暖衣飽食《だんいほうしょく》の生活から、一八〇度転回した、苦行の生活も、かれの心を安んずることはできなかった。釈迦はこうして、苦行林からも立ち去っていったのである。

## 釈迦の悩みはむずかしい問題

釈迦が悩んで、解決したいとしている問題の中心は、生・老・病・死であった。だがこの問題の解決は、なまやさしいものではない。

現に、わたしたちの身辺にも、生活苦で悩んでいる人たちが多くいる。この生活苦が極限にまで達してくると、内向的な人は、自殺の道を選び、外向的な人は、強盗・殺人などを、犯《おか》すにいたる場合さえある。また老いの生活そのものも容易ではない。それよりも、老いることに対する心理的嫌悪《けんお》の方がさらに強い。この心理は、昔、中国の皇帝が不老長寿の薬を求めさせたのと、多少の差はあろうが、だれでも同じなのである。病気にしても多くの病気が、医学の進歩によって、なおるようになったが、まだある種の癌《がん》をはじめとして、なおらない病気も、まだまだあるし、逆に新しい病気もでてきている。

死にいたっては、どうしようもない。人間の寿命は世界的に伸びてきているとはいえ、まさか死そのものがなくなる時はこないだろう。いぜんとして生あるものは、みな死んでいっているのである。

このように見てくると、釈迦の問題は、現に生きているわれわれ自身の問題でもあり、依然《いぜん》として、なにひとつ解決していないように見えるのである。

だが釈迦は二九歳で出家し、三五歳で悟りを開いた、というのである。これはいったいどういう意味をもつのだろうか。生・老・病・死に対して、どのような解決を下したのであろうか。

苦行林を立去ってから、釈迦は、ヴィンドヤコーシュタ山に、アラーダ仙という大尊者がいることを聞いて、そこを訪ねることになったのである。

## シャーキャ族の悲しみ

話は変わるが、他方、御者のチャンダカは、釈迦の愛した白馬を牽《ひ》きながら、望み絶え、心は悲しみに塞《ふさ》がりながら帰途についていた。釈迦を捨ててひとり帰るかれは、悲しみのため、足は進まず、釈迦と一日で行った道のりを、八日もかかって城に帰ってきた。太子が愛していた白馬は、体はりっぱで威相をもっていた。だが、その白馬も、ゆきつもどりつ足で地を打ちながら、振り返っては、太子をさがしていた。白馬は涙さえ流し、すっかり憔悴《しょうすい》して、光沢を失ってしまった。そして悲しみ鳴いて、日夜に、水草を忘れていたのである。主なくカピラヴァスツ城に帰ってきてみると、国土はことごとく、空《むな》しく、がらんとして、人のいない集落にはいってゆくようであった。やがてみなのものはチャンダカが帰ってきたのに、気がついた。だが太子がいないのを見ると、声をあげて大いに泣いた。

一人の人がチャンダカの所にきていった。「王子は世の愛するところである。国の人の命だ。汝は盗んで去ろうとした。今どこにおられるのだ、」と。

チャンダカは悲しみに満ちた心を押《おさ》えて、衆人に答えていった。「わたしは王子をしたっている。けっして王子を捨てたわけではない。王子がわたしを捨て、そして、世俗のいっさいの服装をも捨て、その上頭まで剃《そ》って苦行林にはいっていったのだ、」と。

衆人たちは、剃髪《ていはつ》・出家と聞いて、大声をあげて泣いた。

一方城内では、太子が帰ってきたという誤報が流れ、人々がいそいで路上に飛び出してきた。だが馬だけが帰ってきているのをみて、悲しみにうちしおれ、ただ泣くばかりであった。

**チャンダカの報告**

チャンダカは、戦士が戦《いくさ》で負けて、敵王の前に送られるような面持で、王の前に進み、太子の身辺の出来ごとと、太子の伝言を王に報告したのである。

この知らせを聞いて、王をはじめ、宮中の人々すべてが、悲しみに、打ち沈んでしまった。特にわが子を失った王の悲しみ、夫を失ったヤショーダラ妃の悲しみ、わが子のように育ててきたマハープラジャーパティの悲しみは、ひとしおであった。

**ヤショーダラの嘆き**

ヤショーダラは悲しみのあまり、チャンダカを責めていった。

「生きながら、わたしのしたう人を失ってしまった。今どこにいるのです。人と馬と三つでともに行きながら、今はただ二つのみ帰ってきている。わたしの心はきわめて恐れ、おののき、安らかでない。汝は不正の人だ。善友ではない。不吉だ。勝手気儘《まま》なことをして、泣いて帰ってくるとは……。まさに汝にとっては、笑うべきなのだろう。太子を馬に乗せて去り、泣いて帰ってくるなんて、前後が相応しないではないか。愛する思いがあれば、自然と伴《とも》をするものだ。欲にしたがってほしいままにしているから、尊い太子をひとたびつれ去って、また帰らせようとしなかったのだ。汝は、いま、まさにおおいに喜ぶことだろう。悪をなして、すでにその結果が成就したからだ。ああ、むしろ智恵のある怨敵《おんてき》に近づいても、愚かものの友に習うべきではない。今この王の家は、いったんことごとく破壊してしまった、」と、かの女の嘆きと怒りは大変なものであった。馬に対してまでもやつあたりしていった。

「汝は馬鹿だ。人びとが重んずる人を奪ってしまった。まさに賊が闇《くら》やみの中で、珍宝を劫《かす》めるようなものだ。汝に乗って戦闘したときには、刀刃や、鉾《ほう》や、弓矢、その他いっさいによく堪《た》えていた汝が、今どうして堪えられないことがあろう。汝は、シャーキャ族の殊勝なる人を、わが心から強奪して去ってしまったのだ。汝は悪虫だ。もろもろの正しくない行為をしているのだ。汝は今日王宮に満ちるような声で鳴いているる。先に、わが思う人を劫《かす》めるときに、なぜ鳴かなかったのだ。もしそのときに鳴いていれば、王宮はこぞってすぐ覚《さと》ったであろうに。そのときにもし覚っていれば、わたしたちの今の苦悩はなかったのだ」と。

かの女は地に倒れて、おしどりがその片方を失ったように泣きさけんだ。そして夫である、いない太子に怨事《うらみごと》をいうのであった。

「わたしは今、よりしたがう人を失い、生きながら離ればなれになってしまった。昔、マハースダルシャ王が道を求めたとき、妻をともなって林野に行ったではないか。それなのに今、わたしを捨てて、何の法を求めえようというのか。バラモンの祠祀《しし》典にも、夫妻は必ず同行する。同行することによって、ついには同じ報いを受ける、といっているではないか。汝はなんで、ひとりで法を慳《おし》んで、わたしを棄てて、ひとりで行くのです。あるいはわたしのほんの少しばかりの嫉《ねたみ》を見て、さらに嫉のないものを求めようというのか。あるいはわたしを嫌って、さらに美しい天女を求めようというのか。なんのために苦行を修めるのですか。まだ幼な子のラーフラだってかわいそうだ。ああなんと不吉な人なのだ。貌《かたち》は柔らかいのに、心は固い」と。

かの女はいい終わると、塵土の中に臥《ふ》して泣くのであった。

### 父王の悲しみ

夫を失ったヤショーダラに、優《まさ》るとも劣らず悲しんだのが父王であった。王も愛していた白馬を見ると、こういうのだった。

「わたしはしばしば汝に乗って戦い、そのたびに汝の功績が大きいことを思い愛してきた。だが今は汝を憎む。いとしいわが子を汝は運び去り、山林の中にほうり投げて、なお自《みずか》ら空しく帰ってきている。汝、速《すみや》かにわたしをつれてゆけ。さもなければ行って太子をつれてこい。この二つのことをなさなければ、わたしの命は終わるだろう。そのほかにはこの悩みを治す方法はない。ただ子を待つのが薬なのだ。昔スリンガヤバラモンが子が死んだために身を殺したように、わたしも法を求めている子をもし失ったら、自ら身を殺してなきものになろう。人間の祖先であるマヌでさえ、子のためには憂えたという。ましてわたしは常人である。子を失って、どうしてよく自ら安んぜられようか。すみやかにわが子の処を語れ、」と。はりつめた王の言葉を聞いて、宮廷の人びとは心配した。宮廷僧と聡明なる大臣の二人が、捜索隊を出すことを提案してやっと王の心をなぐさめたのである。

### 捜索隊太子を見つける

さっそく捜索隊が、大臣・宮廷僧を中心に編成された。かれらは良馬にむち打って、苦行林めざしてやってきた。かれらはそこへ着くと、うやうやしく仙人たちに礼をしてたずねた。「おたずねしたいことがある。わたしたちは、シャーキャ族のシュッドダナ王の大臣・宮廷僧です。太子が老・病・死を解決するために出家をした。あるいは、この苦行林に来てはいないだろうか。わたしたちは、太子を捜《さが》しにきたのです、」と。

仙人は答えていった。「その人は確かにきた。しかし、今はいない。かれは、われわれの苦行生活に満足できず、アラーダ仙を訪ねて、出て行った、」と。

確かな情報を得ると、かれらは王の勅命を守って、疲労のことをも考えず、道を尋《たず》ねて馳《は》せ進んでいった。かれらはついに太子を林の中に見出した。太子は世俗の飾りをすべて捨てていた。だがそれでも神々しく、黒雲から太陽がでてくるようであった。宮廷僧と大臣の二人が、下馬して、正しい礼にしたがって敬礼した。太子も礼に従って、かれら二人を前に坐らせた。

## 王勅を伝える

そこで、かれらは、王の情況をまず太子に話した。「父王は太子を念じて、するどい刺《とげ》が心を貫いているかのようです。荒れ迷い、狂い乱れて塵土の中に臥している。日夜に悲しい思いを増し、涙はいつも雨のように流れている。われわれに勅して命ぜられたことがある。どうか心を留めて聴《き》いて下さい、」と。それから、王勅をこうつげたのである。

「汝が法を願っている情はよく知っている。決して疑うところはない。だが非時《ひじ》に出家して林にはいるならば、悲恋がわたしの心をめぐる。汝がもし法を念ずるのであるなら、まさにわたしを哀愍《あいびん》してくれ。遠くにまで行こうとするその広い情でもって、わたしの気がかりを慰めてくれ。憂悲の水をもって、わたしの心岸を崩壊させないでくれ。しばらく還ってきて、城で生活し、時がいたったならばその時仙人につけ。親戚も顧みず、父母をも棄てて、これがいったい慈悲と名づけられようか。法を求めるのには、必ずしも山林でなければならないことはない。家にいても、静寂を求めて、覚悟して勤めるならば、出家と名づけえよう。髪を剃《そ》って、染衣（出家者の服装）を服して、自分を山藪《さんそう》の間に放っても、畏怖《いふ》をいだいているならば、学仙と名づけるに足らない。どうか、もう一度、汝を抱き、水でその頂《いただき》に雨《あめふ》らし、汝に天冠をのせ、傘蓋《さんがい》の下に置くことができるように。ひとたび汝を観《み》たならば、その後、わたしが出家しよう。

昔のドゥルヴァ・アーシャーダ・ヴァジュラバーフェ・ヴァイブラージャ・ジャナカ・セーナジット王たちは、みな天冠をつけ、瓔珞《ようらく》をもって飾り、手足に珠環をはめ、采女たちと楽しみながらも、解脱《げだつ》の要因をそこなうことはなかった。

汝はいま家に還り、心には法を修め、地には主となるための二事を習いなさい、」と。

宮廷僧と大臣は、王のこの伝言を伝えた。かれらもまた多言して、とりあえず一度、国に帰ることを願いに願ったのである。

## 変わらぬ太子の心

太子は父王の切なる伝言を聞いた。太子は端坐《たんざ》し、正しく考え、こう答えた。

「わたしとて父王の慈念はよく知っている。だが生・老・病・死を畏《おそ》れて、出家したため、恩に違《たが》うことになった。ついに別離してしまったからといって、だれが生んでくれた人を重んじないことがあろうか。たとえ生きてともにいようとも、死がいたれば別れなければならない。それゆえに、重んずべきところを考えて、ついに出家したのだ。父王の憂悲を聞いて、恋しさがつのってきた。それがわたしの心を切る。だが夢にしばらく会うごとく、たちまち無常に帰していった。憂苦の生ずるのは、かならずしも子と親との間のみではない。生きものの離れ離れになる苦しみは、みな惑《まどい》から生まれてきているのである。

またわたしは、王にしようと欲する父王の慈愛の法に違い難かった。だがそれは病人に不適当な薬を飲ませるようなものだったのだ。それゆえに、太子という高位にいて、五欲にしたがうことに堪《た》えられなかった。今は山林に住して、だんだんと求める法も明らかになりつつある。今閑静な林を棄てて、家に還って五欲を受けたなら、日夜に苦しみが増すだろう。すでに貪《むさぼり》・恚《いかり》・愚痴《ぐち》を吐いたのに、しかもまた還って食べるならば、その人は一度吐いたものをまた食べるようなものだ。この苦しみにどうして堪えられよう。また王宮にあって、解脱《げだつ》を修めると同時に、王たるの道を修めるということは、可能なこととは思わない。わたしは心を一つに決定して、解脱を修めようとしているのである。もしも王位に居り、かねて解脱を修めようとすれば、決定して解脱することにならない。こういうわけであるので、今還ることはできない、」と。

王臣たちも、太子の強い決心をついに動かすことはできなかった。

## 釈迦マガダ国へ行く

釈迦は、王の使者たちと別かれると、当時の主要な国であるマガダ国へ向かって、さらに求道《ぐどう》の旅を続けた。当時マガダ国はガンジス川の南に展開された大国であった。その首都をラージャグリハといった。ラージャグリハの周囲には修行するのに適する山が五つあった。そこには、釈迦と同じようなシュラマナが多くいた。またマガダ国はこういったシュラマナたちを、文化政策として、側面的に援助していたようである。特に当時のマガダ王ビンビサーラはすぐれたシュラマナを敬い、保護していたのである。こういった事情を釈迦もどこかで知り、やってきたものと思われる。

## 釈迦の噂広まる

釈迦はガンジス川を渡って、マガダ国の首都ラージャグリハへやって来た。そしてラージャグリハの東にあるグリドゥラカータ山で修行をさらに続けたのである。

釈迦はこの山で修行し、ラージャグリハへ乞食《こつじき》に行っていた。常人と異なった釈迦の容姿は人びとの目につき、多くの人びとの注目するところとなった。

あるとき、ビンビサーラ王が物見台から見ていると、もろもろの男女がおそれ敬うようすがみられた。ふだんと町のようすが違うので、王は命じて、外の人を一人召し、その理由を問うた。

その人はかれが見聞きしたことをこう伝えた。「昔、シャーキャ族に殊勝《しゅしょう》の子が生まれたということを聞いた。智恵は世間の人びとに超《こ》え、まさに王として八方を領有すべきであるといわれていた。そのかれが今出家してここにいる。衆人はことごとくかれを奉迎している」と。

王は聞いて心に驚喜し、形は留っていても、魂はすでに釈迦の方へ走っていた。王は臣下に命じて、釈迦の趣《おもむ》くところを、つきとめて来るようにいった。臣下はひそかに釈迦の跡《あと》を随従し、かれのなすことを観察していた。

釈迦は澄んだ青い目で見、ゆったりと歩いていた。人里にはいって乞食を行なったが、それは、もろもろの乞士《こつし》の手本となるものであった。釈迦は、形を整え、心を乱さず、好き嫌いをいうことなく、どのようなものでも、鉢に入れてくれたものに従って、鉢を持って、閑林《かんりん》に帰っていった。食べ終わると、清流に漱《くちそそ》ぎ、静寂を楽しんで、安らかにしていた。

使の臣下は、ここまで見とどけると、すぐさま、王宮に帰って、王につぶさに、告げたのである。

### ビンビサーラ王との会見

王は聞くと喜び、さっそく命じて、乗物をおごそかにして、釈迦を訪問した。その時、釈迦は、もろもろの感覚器官を静かにして、山の巌室《がんしつ》に、端坐していた。

王は乗物から降り、うやうやしく釈迦に歩みよった。

二人は、ねんごろにあいさつを交した。

王は、清浄なる石に端坐して、釈迦をじっとみていた。互いの心に悦《よろこ》びが通《かよ》った。

王は、出家にさせておくのを残念におもい、こういった。

「聞くところによると、汝は盛徳を相承せる、シャーキャ族の太子であるとのこと。賢明なる汝が、年若くして、なんの理由で、しかも出家したのか。世を超《こ》える聖王子が乞食している。妙体にまさに香を塗るべきであるのに、なんの理由で、袈裟《けさ》（出家者の衣服）を服しているのか。手に、よろしく天下を握るべきであるのに、かえって、その手に、残りめしを受けている。もしも、父王に代わって、その国をゆずり受けようとしないのなら、わたしは今、汝に、わたしの国の半分を、分け与えよう。どうか、このことを考えてくれ。」と。

ビンビサーラ王は、さらに多言して、釈迦を、なんとか還俗《げんぞく》させようとした。王は、同じクシャトリヤ出のこの太子に、特に同情を感じたのであろう。だが、王の切なる努力も、釈迦を動かすことは、できなかった。

釈迦は、出家に対しては、不退転の決心をしていたのである。

## アラーダ仙人を訪ねる

マガダ国には、多くのシュラマナ（修行者）たちが、当時いたことを前にのべた。その中に、アラーダという名声の高い仙人がいた。

釈迦は、りっぱな師と聞けば、どこへでも、足を運んでいった。釈迦が、アラーダ仙人を訪ねると、アラーダ仙人の方でも、

**釈迦とビンビサーラ王**

ビンビサーラ王は、釈迦よりも、五歳年下であった。かれは、一時は、このクシャトリヤ出の、すぐれた太子を、なんとか、還俗《げんぞく》させたいと思った。だが、それが、不可能であることを知ってからは、逆に、釈迦の立場に立って、釈迦を保護し、かれが死ぬまで、三十七年間にわたる親交を、釈迦と結んだのである。

釈迦の出家を知っていて、よくぞやってきた、といって、かれをはげました。互いの挨拶《あいさつ》が終わると、アラーダ仙人は言った。

「汝が出家したことを、久しく聞いていた。世間の親愛の絆《きずな》を断ったことは、象が羈《きずな》を脱したようなものだ。深い智恵によって、よくこの毒果をまぬかれた。昔のすぐれた王は、時がくると、位を捨てて、その子に付したのである。だがそれも、汝のように、壮年にして、聖王の位を受けようとしないことにはおよばない。汝の深固なる志を観《み》るに、正法を覚る器《うつわ》だ。まさに、智恵の舟に乗じて、生死の海を超度しなさい。わたしは、今、汝の堅固なる志を知ったので、わたしの知っていることを、つつみかくさず、なんでも、教えてあげよう」と。

釈迦は、アラーダ仙人の言葉を聞いて、歓喜して言った。

「汝は、平等の心をもって、善く教えて、愛憎がない。虚心に教えを受けるならば、願うところが得られるだろう。

わたしは今、夜道を行くものが、たいまつを得、道に迷っているものが、導き手を得、海を渡るのに、軽舟を得たようなものだ。すでに許されたので、心の疑問を問いたい。生・老・病・死の患《うれい》は、どうしたら、免れうるだろうか」と。

## アラーダ仙人の教え

アラーダの教えは、残されている資料から判断するに、次のようなものであったようだ。かれの思想は、根本的には、二元論の立場をとっていた。かれは、精神的原理と物質的原理を立てる。

人は、プルシャと呼ばれる純粋精神と、プラクリティと呼ばれる根本原質によって、できている。プルシャは、それ自体、実体的なもので、常住不変で、生・老・病・死といったものの影響を受けない。プラクリティが、さまざまに展開して、肉体的・物質的世界を展開する。自分のものだとか、わたしがこうするとか、いったような自我意識は、プラクリティの展開によって、起こるのである。われわれの迷いというものは、この自我意識を、純粋精神と混同してしまっていることから起こる。

したがって、われわれは、智恵によって、この混同をなくさなければならない。その具体的な方法としては、坐禅が有効である。坐禅にもいろいろな段階があるのだが、アラーダ仙人は、無所有処定という段階にまで達していたという。これは、外界のことも、また内面の自分の感覚作用や、心のいろいろな働きをも超越して、ただ純粋意識だけがある禅定《ぜんじょう》である。つまり、なにも考えることも、思うこともなく、といって眠っているときのように意識がないわけではなく、たださめた意識だけがあるような状態である。このとき、いっさいの煩悩《ぼんのう》が消え、解脱する、というのである。

釈迦は、アラーダのもとで、かなり得るところがあったようである。だが、二元論的見方に、完全に満足することはできなかった。また、無所有処定をもって、解脱とみなすことにも十分満足できなかったのであ

如来像
（サンチーの出土で5世紀ころのもの）

る。

なるほど、無所有処定にはいっているときは、いっさいの問題が、解決したような気になる。だが、これをもって、根本的な解決とは思えなかったのである。やがて、釈迦はアラーダ仙人の許をも去って行ったのである。

## 一人で苦行生活にはいる

アラーダ仙人の許を去った釈迦は、これも名高いウッダラカ仙人を次に訪ねた。ここでも、禅定の別のひとつの領域を示されるが、釈迦は十分に満足できなかった。

いずれもすぐれた師であったが、他人の言葉は、釈迦の血肉となるところまでにいたらなかった。かれは、そこをも辞して、ガヤーという地に向かった。ガヤーは、ナイランジャナー川のほとりにある、はなはだ静寂な土地であった。そこにも、苦行林があったのである。かれは、ここで、今までのように、師を求め回った生活をやめ、一人で、くふう努力してみようと思ったのである。

そこには、すでに五人のシュラマナがいた。

釈迦が、やってきて苦行生活を始めると、かれらは、そのひたむきな態度にうれた、神を敬うがごとくに、いろいろと供養したのである。

釈迦は、食事をとることも忘れ、沈思黙行して苦行に励んだ。このようにして、ついに六年間の年月がすぎさったのである。体はすっかり衰弱し、骨と皮ばかりになってしまった。歓楽の限りをつくした宮廷生活も、かれの心を満足させることはできなかった。だが、六年間の苦行も、同様にかれの心を静めることはできなかったのである。

### 苦行生活をやめる

すっかり衰弱しきった極致で、釈迦は、こう考えた。「道を成就《じょうじゅ》するのは、智恵によってである。食べものも、ろくに食べずに、苦行をすることによってではない、」と。かれは極端な苦行生活の無意味さを悟って、苦行生活も、捨て去ってしまうのである。

そこでかれは、ナイランジャナー川で沐浴《もくよく》した。浴し終わって、川から出ようとしたが、弱り切っていたため、よく立つこともできず、木の枝につかまって、やっとはい出てきた。

その後、かれは、ナンダバラーという村娘が捧《ささ》げた牛乳を飲み、だんだんと元気をとりもどしてきたのである。

このような釈迦のようすを見た、先の五人の比丘《びく》（男子の出家者）は、釈迦が、苦行を捨て、道心から退《しりぞ》き、堕落したと思って、釈迦を捨て去ったのである。

その後、釈迦は、アシュヴッダ[1]という木の根元で、坐禅をして、独り静かに、瞑想《めいそう》に耽《ふけ》ったのである。

**悪魔との戦い** 多くの仏伝では、釈迦がここで坐禅をしているときに、悪魔が出て来て、釈迦の求道生活を、やめさせようとした、と伝えている。

つまり、パーピーヤンという悪魔の頭《かしら》が、手に手に武器をもった多くの弟子と、自分の三人の娘を引きつれて、やってきた、というのである。これは、実際にあったことというよりは、釈迦の心内の、世俗的なものと、それを越えようとするものの、最後の闘争であったと思われる。

これは、ファウストとメフィストフェレスとを対比させる手法と同じく、視覚的に表現したものであろう。

降魔，龍王礼拝
（ナガールジュニコンダの出土で3世紀ころのもの）

この悪魔との戦いにおいては、二つのことが、主要な問題として、でてくる。一つは、愛欲との戦いであ

1) アシュヴッダという木は、後に、菩提樹といわれるようになった。それは、この木の下で、釈迦が、悟りを開いたからである。

る。もう一つは、世俗的権力との闘争である。

**悪魔の意図**　悪魔パーピーヤンは、一方では、三人の娘を天からつれてきていた。かの女たちは、美人で、容姿もすぐれており、かつ、人を惑わす種々の術にかけては、天女中の第一人者であった。

他方では、あらゆる武器を携《たずさ》えた、かれの弟子たちをつれてきていた。

悪魔パーピーヤンは、釈迦の坐禅している所へきて、こう言った。

「汝、クシャトリヤ（四姓の第二番目、武士階級）よ、すみやかに立て。死は、おそろしいものなのだ。汝は世俗の法を修めよ。解脱の法を求めるようなことはやめよ。戦争の仕方を習って、福を得、もろもろの世間を征服し、死んだ後には、天に生まれる楽を得るべきだ。このような道筋で、人生を送ることは、よいことであり、すぐれた先人たちが、行なってきたところなのだ。汝は、王の後継《あとつぎ》なのだから、乞食稼業は、ふさわしくない。」と。

悪魔にとっては、釈迦が、解脱してしまうと、自分の働く場所がなくなってしまうと考えているのである。したがって、人が理想を求めて、現実の世界から一歩でも、二歩でも高まろうとすると、悪魔は、すぐやってきて、理想なぞ青二才のたわ言だ、現実に目を向けろ、などと、もっともらしいことをいって、向上しようとする心を、引っぱり、引きずり下してしまうのである。

## 悪魔の二つの武器

釈迦は、世俗の世界に、ひきずりもどそうとする、悪魔のこのような言葉に、耳を傾けなかった。悪魔は、説き伏せることができないとわかると、美しい自分の三人の娘を、釈迦の前に進めて、色仕掛によって、かれを堕落させようとした。かの女らは、あらゆる媚態《びたい》をつくして、釈迦に迫った。だが、釈迦の堅固な心を崩《くず》すことはできなかったのである。

今までにも、何度となく、釈迦の出家を、思い止まらせるために、色欲をそそることによって、種々なることがなされきたことを、われわれはすでに知っている。

このことは、いかに色欲というものが、われわれの、根本的な欲望の一つであるかということを、示している。そして、これに過度に染まれば、世俗的にならざるを得ないのである。

そのことは、結婚を境として、いかに多くの人びとが、保守的になってゆくかを見てもわかろう。

したがって、色欲に溺れない、色欲に打ち勝つということは、容易なことではないのである。

悪魔は、色仕掛では、だめだとわかると、かんかんに怒って、今度は、暴力でもって、釈迦を、従わせようとしたのである。

## 暴力に対する釈迦の態度

伝説では、悪魔は、ここで種々の暴力によって、釈迦を恐れさせ、屈服させようとしたという。

だが、釈迦は恐れなかった。かれらを怨《うら》む心ももたなかった。むしろ、暴力を用いるものに対しても、慈悲の心をもって、かれらを包んでしまったのである。この釈迦の態度は、非常に重要である。

暴力は、それを恐れるものにとって、効果をもつ。だが、それを恐れないものにとって、なんの効果があるだろう。

だが暴力の前には、ほとんど、万人が口をつぐんでしまうことも事実である。それゆえに、現在のところ、国家権力の最後のより所も、実は、武力にたよっているのである。釈迦が、いかなる暴力や、武力をも恐れなかったという この話は、その意味で重要なものを含んでいるのである。つまり、いかなる暴力・武力にも屈しないという、内面の強い覚悟が示されているわけである。

これは、インドの独立運動を指導したガンジー[1]が示した態度と、本質的に同じである。ガンジーは、大英帝国の強大な権力を、向こうにまわして、少しも恐れることなく、非暴力・無抵抗・不服従という、道義的態度をもって、ついに、インドの独立を達成したのである。

釈迦やガンジーには、恐れを知らない強い心が獲得されていたのである。

1) ガンジー (Mohandas Karamchand Gandhi, 1869～1948) インド独立の父。かれはイギリスからの独立運動をすすめるにさいし、「真理の把握」という精神を根本におき、独立を成功に導いた。

# 覚者となる

## 覚者となる

長い間の心の悩みが、ついに解決するときがやってきた。思えば、宮殿での歓楽を尽くした生活に満足できず、出家してから、すでに六年の年月がすぎていたのである。歓楽の生活も、かれの心を喜ばせることができず、さりとて、苦行生活もかれの心を静めることができなかった。万策つきて、極端な歓楽・苦行の両生活を否定し、中道の立場に立って、坐禅に打ち込んでいた。その間、愛欲に対する決定的克服、暴力に対する、恐れざる不退転《ふたいてん》の心を、成就《じょうじゅ》したのであるが、まだ決定的な悟りにはいたっていなかった。

なおも、坐禅に打ち込んでいたとき、ある夜明けに明星《みょうじょう》を見て、かれは、忽然《こつぜん》として大悟した。ときに三五歳、六年間の苦行は終わり、苦悩は朝もやの消えるようになくなっていった。

その後、八〇歳で死ぬまで、かれの体得した教え（仏教）を人々に説いたのである。

## 仏教思想の根本には体得がある

釈迦の悟った内容を、言葉で表現することは、なかなかの困難である。それは、仏教思想の了解というものは、根本的には、宗教的な体験を通してなされるものであるからである。釈迦自身も、「一語不中」ということを晩年いったという。一語不中とは、かれが悟りを開いてから死ぬまで、いろいろな人びとに応じて説法したのであるが、一語とて中《あた》っていないというのである。つまり、いいたい所をずばりといいえていない、というのである。

そうなると、これ以上なにもいうことはできなくなってしまうのであるが、それではあまりに冷淡なので、なんとか、釈迦の体験を、われわれも追体験しながら、その根本のところに、少しでも迫ってみたのである。

ブッダガヤの大塔
（6世紀の建立といわれる）

## 仏教の根本思想

仏教の全般的思想は、この「生涯」のあとの、「思想」においてあつかう。ここでは、釈迦の生涯における、悟りという画期的な事件にちなんで、その根本思想に肉迫してみたい。

仏教の教えでは、「万物は、すべて無常である」（『ダンマパダ』[1] 二七七）、「ものごとすべては、無

1） 最古の経典の一つである。

我である」（同書、一七九）と知ることがまず強調される。そのほか、四諦《したい》の説とか、八正道《はっしょうどう》とか、縁起《えんぎ》の説とか、六つの完成とか、いろいろにいわれるが、その根本には、かかる組織的な教説がでてくる以前に、一つの宗教的な重要な経験がある。それは、無分別智（プラジュニャー）の自覚である。無分別智とは、ものごとをあれ・これと分けてみる、分別智（ヴィジュニャーナ）に対する語である。実践がこの無分別智に裏づけられると、具体的なあり方・内容がそこにでてくる。釈迦は、無分別智を、自覚することによって、いままで、かれを悩ませていた、生・老・病・死の系列が、一方ではその存在を認めつつも（分別智的立場）、同時にその存在はない（無分別智的立場）ことを自覚した。

ここにおいて、かれはいっきょに生・老・病・死の悩みを克服したのである。その自覚の自信は、「天上《てんじょう》天下唯我独尊《てんがゆいがどくそん》」といわれているようなものである。そこで、釈迦は、仏陀《ぶっだ》（仏・覚者《かくしゃ》）とも呼ばれる。そして、仏陀の教えが仏教である。

ただし、仏教における仏陀、すなわち、覚者は、特定の一人をさすのではなく、だれもが覚者となる可能性をそなえ、かつ、みなが覚者となることを理想としているのである。したがって、「天上天下唯我独尊」の語は、思いあがりのことば、というよりは、わたしも「天上天下唯我独尊」であり、あなたも「天上天下唯我独尊」であることを、認めているのである。

このように、仏教の思想は、智恵を重視していることにおいて、『ウパニシャッド』（『ヴェーダ』の最後の部分を構成する、哲学的文献）の哲学に接続するのである。

# 伝道布教の時代

## 布教をためらう

明星を見て覚《さと》った釈迦は、長い間、自分が苦悩してきた問題の解決をえた。かれは、自分の悟りが同じように苦悩している人びとの役に立つならば役立てたいと思った。だが、自分が覚った内容を、他の人びとがわかることができるかどうか心配した。

かれは、求道《くどう》中に、教えを乞うた、アラーダ仙人と、ウッダラカ仙人の二人のことを思い出した。この二人ならば、自分の悟りを、わかってくれるだろう、と考えた。だが、この二人の仙人は、この時にはすでに死んでいたのである。かれも、このことを知っていた。そこで、つぎに思い出されたのは、苦行時代にかれに仕えていた五比丘《びく》であった。かれらなら、わたしの話が分かるだろうと思った。

かれは、カーシー国のヴァーラーナシーへ最初の説法をするために出かけていった。

## バラモンとの出会い

仏（これ以後は、釈迦のことを、悟りを開いたことにちなんで、仏とも呼ぶことにする。）は、ヴァーラーナシーに行く途中で、一人のバラモンにあった。バラモンは、仏のやってくるのを見ると、その全身にあふれているなんともいえないすぐれた雰囲気に、感動し、合掌《がっしょう》して、問うた。

「すべて生きものが、みなとらわれているのに、あなたには、なんのとらわれのようすもない。世間の人びとは、みな心が動揺しているのに、あなただけは、静まっている。満月のように、顔は輝き、甘露《かんろ》の水を味わったようだ。大人《たいじん》の相をした容貌《ようぼう》、智恵の力は、自由自在のようである。あなたに教えを伝えたのは、なんという師ですか、」と。

仏は、答えた

「わたしに師はない。特定の教えに、従ったものでもない。自分自身で甚深《じんしん》の法を悟り、人の得たことのないところを得たのである。これから、ヴァーラーナシーに行って、法を説こうと思う。自慢や名をなそうとしたり、また、利益や楽しみのためでもない。ただ、衆生のために、正法を宣《の》べ、苦しんでいる衆生を救わんためである。昔、自分が悟ったならば、もろもろの、まだ悟っていない人を悟らせよう、という誓いを立てた。今や、その誓果が成じたので、これから本願を遂行しようと思うのである。

財を自分のためにのみ使う人は、りっぱな人とはいえない。

天下をも、兼ねて利する人を、大丈夫《だいじょうぶ》と、名づけるのである。危にのぞんで、溺れかかっている人を救わないならば、どうして、勇健の士といえようか。病人の治療をしないならば、どうして、良医と名づけられよう。迷うものを見て、路を示さないならば、善導師といえようか。覚者《かくしゃ》は、灯《ともしび》が暗闇《くらやみ》を照らすように、無心にして自《おのず》ら明るい。覚者は智恵の灯を燃やし、もろもろの求欲の心はない。こういうわけなので、カーシー国で、正法輪（正法の輪《わ》、法を、車の輪に、たとえているのである。正法輪を転ずるとは、正法を布教することで、輪を転《ころ》がすことに、たとえているのである。）を転じようとしているのである、」と。

## 初転法輪

釈迦は、マガダ国の、ガヤーから、最初の説法をするために、カーシー国の首都、ヴァーラーナシー（現在の、ベナレス）にやってきた。そこは、ガンジス川と、ジャムナ川の合流点近くで、静かな、美しい場所であった。かつて、仏が苦行していたとき、仕えていた、五人の比丘も、そこにいた。

初転法輪の仏陀像
（サールナート〈鹿野苑〉の出土品で５世紀ころのもの）

かれらは、仏が遠くからやってくるのを見つけると、互いに集まって、こう相談した。

「ゴータマ（仏教徒以外の人が、釈迦のことをこうよんでいた。）は、世の楽に染まり、もろもろの苦行を投げ捨ててしまった。今またここへ還《かえ》ってきた。起《た》って迎えるのはよそう。また、かれに礼をしたり、かれの必要とするものをたずねたりして、供給するのをよそう。すでに、根本の誓いを破ったのだから、供養を受けるにあたいしない。まあ座る場所だけを設けておいてあげて、あとはかれのしたいようにまかせよう」と。

このように約束して、かれらはおのおの自分の座席に座っていた。覚者である釈迦が、だんだんと近づいてくると、かれらは、思わず約束した言葉に違《たが》ってしまった。あるものは、その座を譲り、あるものは、衣鉢を受け取り、あるものは足を洗ってあげ、あるものは、仏が必要としているものを問うのであった。覚者の光り輝く姿に打たれたのである。

だが、かれらは、釈迦が、苦行を捨てたことに対しては、よい感情をもっていなかった。仏はかれらの心を知ってこう説法を始めた。

### 二辺を離れよ

「愚者は、あるものは苦行を習い、あるものは快楽を求めてもろもろの感覚器官を悦《よろこ》ばせている。そして、この二つのものを別のものと思っているが、これは、大きな過《あやまち》である。この二つは、いずれも解脱のための正しい道ではない。疲れた身に苦行を修めてもその心はなお走り乱れる。世間の智恵すらでてこない。ましてや、もろもろの感覚器官を超越することができようか。あたかも、水をもって灯《ともしび》を燃やすようなもので、いつになっても、闇を破ることはできないのである。疲れた身に知恵の灯を求めても、愚痴《ぐち》を破ることはできない。朽木《くちき》に火を求めても、いたずらにつかれるだけでえられない。

また、欲に執着することもよくない。愚痴は、知恵の明《あきらかさ》のさまたげとなる。欲に執着することは、重病人が病にふさわしくない食事をとるようなものだ。火を広野に放てば、乾いた草は猛火を増す。火が盛んになれば、だれがよく消すことができようか。貪愛の火もまたそうなのだ、わたしは、すでに苦行・快楽の二辺を離れて、心を中道においている。もろもろの苦は、ついに息《や》み安静として、もろもろのゆきすぎから、離れている。」と。

このように、まず中道を説き、さらに、説法を続けたのである。

## 四諦・八正道の説

釈迦は、ヴァーラーナシーの郊外にある、サールナートのムリガダーヴァという苑《その》（鹿野苑）で、五人の修行者に最初の説法をしたのであるが、そのときの内容は、のちに四諦《したい》の説としてよくまとめられたものと、ほぼ同じものであったようである。

それでは四諦・八正道《はっしょうどう》の説とは、どのようなものであろうか。

まず、四諦の諦とは、「真理」の意味である。したがって、四諦とは、四つの真理の意味である。四つの真理とは、苦諦《くたい》・集諦《じゅうたい》・滅諦《めったい》・道諦《どうたい》の四つである。苦諦とは、生・老・病・死の苦や、愛するものと別れなければならない苦、自分が憎み嫌っているものと会わなければならない苦、ほしいものを求めても得られない苦、五官に起こるもろもろの苦などの、いわゆる四苦八苦というように人生は苦である、という真理である。集諦とは、苦にはそれぞれがおこってくる原因がある、という真理である。滅諦とは、その苦を制してなくしてしまう、という真理である。道諦とは、その苦を制してなくしていくには道がある、とする真理である。そして、その道に八つの正しい道がある、とするので、八正道という。

この四諦の説は、医者が患者を治す場合によく似ている。つまり苦痛を訴えてくる患者に対して、医者は、まずその原因をつきとめる。つぎに、その苦痛を取り除くために、具体的な治療法を決めるわけである。仏教の八正道は、この具体的な治療法に当たるわけである。

## 八正道

八正道とは、正見・正思・正語・正業《ごう》・正命《みょう》・正精進《しょうじん》・正念・正定の八つである。正見とは正しい見解、正思とは正しい思考、正語とは正しいことばづかい、正業とは正しい行為、正命とは正しい生活、正精進とは正しい努力、正念とは正しく記憶にとどめること、正定とは坐禅によって正しく精神を統一することである。そして、かかる八つの正しい道を踏み行なえば、人は滅諦《めったい》という、苦のなくなった状態、ニルヴァーナ（涅槃《ねはん》、心の平安）に達するというのである。

## 五人の修行者仏弟子となる

仏の話しを聞いた五人の修行者は非常に感銘し、すぐさま仏の弟子になったのである。こういうわけで、かれら五人が最初の仏弟子となったわけである。かれらは、長い間苦行できたえた人たちであり、また、哲学的な問題に関してもかなりのところまでいっていた。そこで、仏の話しを聞くと、いままではっきりしなかったことがはっきりし、どんどん目覚めていって、仏と同じような域にまで達していったのである。

五人の弟子の中の一人であるカウンディニャは、仏弟子の中で最初に悟りを開いたといわれる。

とにかく、このようにして、仏を含めて六人による最初の仏教教団ができあがったのである。のちに、仏教徒は、このような出家者による仏教教団をサンガ（僧団）と呼ぶようになるのである。

### ヤシャの帰依《きえ》

そのとき、クシナガラにヤシャという富豪がいた。かれもインドの富豪一般と異ならず、快楽に満ちた生活を送っていた。夜、眠りからふと目をさますと、一族の男女たちが裸で寝ているのが見られた。およそだらしのない格好《かっこう》だったのであろう。かれはそれを見ると、世間を厭離《えんり》する心が生じた。じっとしていられず、服を着て瓔珞《ようらく》を着け、山林の方へと歩いていった。歩きながら、自分の乱れた気持を声に出して「悩乱、悩乱」といいながら歩いていった。

仏は、経行《きようぎよう》（坐禅をしていて、疲れたり、ねむくなったときに、気分を変えるために静かに歩くこと。）していたが、「悩乱、悩乱」という声を聞いたので、ヤシャを呼びとめて言った。「汝は、よくやってきた。ここには安穏処がある。涅槃《ねはん》はきわめて清浄である。寂滅《じやくめつ》は諸悩を離れる、」と。

ヤシャは、仏の教えを聞いて、心中大いに歓喜した。かれは、仏にしたがって仏の住んでいる処《ところ》にまでついていった。外見はまだ世俗のようすであったが、心はすでにもろもろの煩悩を取り除き、アルハット果を得ていた。

アルハット果とは、他人から供養されるにふさわしい成果の意味である。アルハットといえば、そのような人を意味する。原始仏教では、仏教の悟りを開いた人をアルハットといった。バラモン教でもこの言葉を使う。したがって、一般に最高の修行者に対する尊称として、広く使われていたと思われる。
このヤシャは、在家《ざいけ》の第一番目の信者といわれる。

### 弟子六〇人となる

ヤシャは、これが縁でついに出家してシュラマナとなった。かれには、五四人の友だちがいた。ヤシャが出家したことを知ると、五四人の友だちもみな出家した。これで仏の弟子は最初の五比丘と合わせて、六〇人となったのである。かれらは、親しく仏のもとで教えを受け、アルハットとなったのである。

あるとき、仏はこう言った。

「汝らは、今、すでに迷いの川を渡って彼岸《ひがん》についた。なされるべきことはすでに終わり、いっさいの供養を受けても堪《た》えうる者である。おのおの諸国にいって、もろもろのいまだ迷いの川を渡っていない人たちを渡しなさい。衆生《しゅじょう》の苦は、燃える火のようであるのに、久しい間、これを救う人がいなかった。汝らは、おのおのひとりでいって、衆生を哀愍《あいびん》して救ってあげなさい。わたしも、また、ひとりでマガダ国に再び行こう。」と。

### 苦行仙カーシャパ弟子となる

六〇人の弟子たちは、仏の命にしたがってそれぞれ思い思いの国にでかけていった。仏も、マガダ国へとでかけていった。マガダ国には、当時多くの仙人がいた。なかでもウルヴィルヴァー＝カーシャパという苦行仙は、世を挙げて尊敬されていた。また、かれについて教えを受けているものも非常に多かった。仏は、マガダ国のガヤー山にかれを訪《たず》ねた。かれは、火を守って岩窟《がんくつ》にいた。その火は、いわゆる、聖火なのである。そこには悪龍（龍とは、大蛇のことらしい）がいたといわれる。

仏は、教化しようと思っているので、かれに泊《と》めてくれと、たのんだ。

カーシャパ「泊める場所はない。ただ、火に事《つか》える岩窟があるのみだ。しかも、そこには悪龍が止まっており、人がいけばかならず傷つけられるのである。」

仏「そこでよいから、ただ与えられよ。一宿するだけである。」

カーシャパは、種々に説いてやめさせようとしたが、仏は、請うてやめなかった。カーシャパもやむをえず、それほどいうなら注意して泊まりなさいと言って、仏の宿泊を許したのである。

そこで、仏はその悪龍がいるという事火窟で一夜を過した。だが、悪龍も仏を害することはできず、むしろ、仏に帰依《きえ》したと伝えられる。このことを知ったカーシャパは内心奇特の想《おもい》を生じた。だが、自分には五百人もの弟子があり、師とあおがれている手前、自分自身になおわが道の方が尊いのだ、といい聞かせたのである。

仏は、かれの心を知って時宜《じぎ》に従って、いろいろな形でかれの心を柔軟にしていった。そして、正法を受ける器たるに堪《た》えしめて、自らその道の浅く仏におよばないことを知らしめた。カーシャパも今は謙虚な心となり、仏から正法を受けるようになった。

やがて、かれはかれの弟子五百人とともに仏の弟子となったのである。そして、今まで火に事《つか》えることのために用いていた種々の道具を、みな川の中に捨ててしまったのである。それらのものは散乱して川下へと流れていったのである。

カーシャパの二人の弟たちがこの川下に住んでいた。いずれも、兄と同様に苦行仙人で多くの弟子を持っていた。かれらは、ナディー＝カーシャパと、ガヤー＝カーシャパであった。かれらは、仙人用の、被服や、事火用の道具などが、流れてくるのを見て、なにか、兄に、大変なことが起こったにちがいないと憂《うれ》い怖れた。さっそく、かれら両人は、五百人の弟子とともに、川を尋《たず》ねて兄を求めてやってきた。

やってきてみると、兄がすでに、仏弟子となり、また、かれの弟子たちも、おなじように、仏弟子となっているのをみた。かれらは、兄が、未曽有の法を、得たことを知った。かれら両人は、いった。「兄は、今、すでに仏道につかえている。われらもまた、兄に、従おう」と。

このようにして、三人のカーシャパ兄弟と、かれらの弟子一、〇〇〇人が、仏弟子となったのである。

**仏、ビンビサーラ王と会見**

このようなことがあってから間もなく、仏はマガダ国の王ビンビサーラと会見したのである。この王は釈迦が出家したときかれに還俗《げんぞく》をすすめた王であったので、かれとは面識があった。今、ついに悟りを開いた仏と再び会って王はたいそう喜んだ。そこで、王は仏やその弟子たちの修行の場所として、ヴェーヌヴァナマ精舎《しょうじゃ》（竹林精舎[1]）を寄進したのである。この精舎は、マガダ国の首都ラージャグリハの北に位置していた。このようなわけで仏の一行はここで生活することになった。

このころ、後に仏の重要な後継者となったシャーリプトラ（舎利弗）、マハーマーウドガルヤーヤナ（大目連）、マハーカーシャパ（大迦葉）の三人が、仏弟子となっている。

シャーリプトラと、マハーマーウドガルヤーヤナは、ともに懐《かい》疑《ぎ》派のサンジャヤの弟子であったが、二五〇人の仲間といっしょに仏弟子となったのである。シャーリプトラは、仏弟子中で智恵無双といわれた人である。マハーマーウドガルヤーヤナは、神足（神通力）第一といわれた。

マハーカーシャパは、賢い妻と結婚生活をしていたが、世をいとい、出家して、解脱道を求めているところをたまたま仏と出会ってその弟子となった人である。このようにして仏の教団は質・量ともに充実し、社会的にもその存在が知られるようになってきたのである。

1)　精舎は精練行者の宿舎の意味で、転じて寺院の別称。がんらい中国では、読書する所や、学校・塾などを精舎とよんだ。

# 伝道の旅から旅へ

## 祇園精舎を受ける

時に、大長者がいた。その名をアナータ＝ピンダダといった。かれは、巨万の富をもっており、貧乏な人びとをその財力によってよく済《すく》っていた。この人は北方のコーサラ国の人であったが、マガダ国にやってきて知人の家に宿《と》まっていた。その家の主人はチューラカといった。この人はアナータ＝ピンダダに、仏が世に興り近くのヴェーヌヴァナマ精舎にいることを告げた。アナータ＝ピンダダは、さっそく、その夜の中に、仏のもとにゆき、教えを受けたのである。このときかれが受けた教えは、サマーディ（三昧《さんまい》、坐禅によって精心を統一すること）の功徳《くどく》と縁起《えんぎ》の理法であった。

縁起の理法とは、いっさいのものは相依相関していることを説く教えである。また、いいかえて、衆縁和合ともいう。古い素朴な形では、「これあれば、すなわち、かれあり、これ滅すれば、すなわち、かれ滅す、」（『仏所行讃《ぶっしょぎょうさん》』第一五品《ほん》）といっている。

かれは、仏の教えに、大変感動した。そこでかれはコーサラ国の首都シュラーヴァスティーに精舎を建立するからぜひそれを受けてほしい、と仏に願った。仏は、哀愍《あいびん》してそれを許したのである。これが、日本人にも『平家物語』によってよく知られている祇園精舎《ぎおんしょうじゃ》（ジェータヴァナヴィハーラ）である。

## 仏故郷に帰る

仏は、マガダ国において、いろいろな、異種の修行者たちを教化し、仏弟子とした。そして、一大教団となったことを、前にふれた。

かれは、それらの弟子たちとともにマガダ国を出て、生まれ故郷のカピラヴァスツへ布教の旅路をとったのである。仏がカピラヴァスツへ近づいてきたのを知ったとき、王師と大臣はまず伺侯《しこう》人を遣わして仏の意向をさぐった。仏が国に帰ろうとしているのを知って、伺侯人は急いで城に帰り「太子は、遠く遊学し、願いがかなって、今、来還しようとしている」と告げた。

王は、これを聞いて大いに歓喜し、乗物をかざってさっそく出迎えにいった。また、城中の人びとも王に従っていった。ようやく近づいてきて遙《はる》かに仏を見るに、光り輝く容相は昔に倍していた。車を降りておもむろに仏の方へ進んでいった。顔を見ると心は喜びで踊り、語る言葉すら忘れてしまった。

仏坐像
（ガンダーラ地方の出土）

感きわまってやってきた父王にたいし、仏は超然として容《かたち》を改めず、感情をほとんど表に現わさなかった。父王はこのために悲しくなった。あたかも人が久しくのどが渇《かわ》いていて、道に清冷の泉に出逢ったので急いで走ってゆき、飲もうとしようとすると、泉がたちまちに枯渇《こかつ》してしまったような感じであった。仏は父王の心を知り、王のために法を説いたのである。

### 父王への説法

仏は、父王にこう説法したのである。

「王は、心に慈念を知るも、子のために憂悲を増している。纏綿《てんめん》として子を愛念するも、よろしくすみやかに除滅すべきである。愛を息《や》め、その心を静め、わが子の法を受けよ。人の子がいまだ奉じなかったものを、いま、父王に奉じよう。勝妙《しょうみょう》の露の道を、いま、大王に奉じよう。人間にとって重要なことは、業《ごう》（行為、カルマ）である。身・口・意の三業をいま力をつくして浄治すべきである。昼夜につとめて修習し、乱心を息《や》めて寂然たれ。涅槃《ねはん》（心の平安）は最安であり、禅寂《ぜんじゃく》は楽中の勝である。人生の五欲の楽は、危険にして恐怖が多い。あたかも毒蛇と同居しているようなものである。目覚めた人は、世間をあたかも盛火がとりかこんでいるものとみるのである。そこは恐怖にみちしばらくも安きことがない。それゆえに生・老・死を離れようと思うのである。尽きることのない寂静処《じゃくじょうしょ》は慧《え》

帰郷説法
（2世紀ころのもので
アマラーヴァティー出土）

者《しゃ》のおるところである。
するどい武器や、象や、馬や、兵車をもちいずに、貪恚痴《どんいち》（貪《むさぼり》・恚《いかり》・愚痴《ぐち》）を、調伏するならば、天下の敵は、勝つことができないのである。苦を知り、苦の原因を断ち、苦の滅への道を修めるならば、地獄・

**黄金を布いて、ジェータ林を買う**

アナータ＝ピンダダは、コーサラ国で最もよい場所であるジェータ太子所有の土地を買い取って精舎《しょうじゃ》を建てたのである。このときに、おもしろい話が伝わっている。

アナータは、ジェータ太子のもとにいって、ぜひ、この土地を売ってくれと請うた。太子はたいへん気に入っていた場所であるので、売る気は全然起こらなかった。そして太子は、「たとえ、黄金を布いて、満たしたとしてもこの土地は売らないだろう。」といった。

アナータは、これを聞くと、心に歓喜して、さっそく黄金をその土地に布きつめたのであった。

ジェータ「わたしは、与えてないのに、汝はなぜ黄金を布いたのだ。」
アナータ「与えないのに、どうして黄金を満たせというだろうか。」

と妙な争いになってしまい、ついに裁判所にまで持ち込まれたのである。ここでアナータ長者が、仏や僧団のために精舎を建てようとしていることが明らかになった。これを知ったジェータは心を和《やわ》らげ、その半金だけを取って、ともに協力して、精舎をつくろうと提案したのである。

祇園精舎は、このようにして、できあがったのである。

餓鬼《がき》・畜生《ちくしょう》といった悪い世界に生まれ変わるのではないか、という恐怖は除かれる、」と。

王は仏の説法を聞くと大変喜んで言った。

「奇なるかな、誓果が成就したとは。奇なるかな、大苦が離れてしまったとは。奇なるかな、わたしを益《えき》してくれたとは。先には、憂悲を増したけれども、悲しんだためにいまはかえって利を獲た。これからは勝妙の楽を捨てて道のために努力しよう。親族の栄えることばかりに心を煩《わずら》わさず、また、恩愛の情からも離れよう。昔の諸仙王は、いたずらに苦しんで効果がなかった。

汝は、清涼安穏の処をことごとくすでに獲ている。自《みずか》ら安んじ、しかも人をも安んじている。大悲をもって衆生を済《すく》っているのだ。昔のまま世間に止まっていたならば、汝は、転輪聖王となったであろう。だが、もしそうなっていたとしたならば、自由自在な神通をもってわたしの心を開解《かいげ》させることもなく、また、この妙法をもってわたしに今日の喜びをもたらすこともなかったであろう。もし、転輪聖王となったとしても生死の問題は、解決しえない。今は、すでに生死の迷いを絶し、輪廻《りんね》の大苦を滅した。そして、衆生類のために広く甘露の法を説いている。このはなはだ深い智恵は、永《なが》く生死の苦を滅し天人の上となる。聖王の位にいても、ついにこの利は獲られないであろう、」と。

## 父王親類等の出家

このとき、王をはじめとして、従弟《いとこ》のアーナンダ、異母弟のナンダなどおもだった人びとが出家したのである。(王は出家はしなかったという本もある。)

## 城中を乞食する

やがて乞食《こつじき》のときがきたので、仏の一行はカピラヴァスツ城へはいっていった。城中のもろもろの士女は驚喜し、声を挙げて唱えた。「シッダールタ[1)]が学道を成就《じょうじゅ》して帰ってきた。」と。

人びとは、相告げて外に飛び出した。また、窓から仏をみているものもいた。見た人びとは悲しいような、嬉しいような奇妙な気持であった。かれらには本来なら、堂々と馬にまたがって進むべき人が、剃髪して身に染色衣を被《き》、大地を見ながら歩んでくる姿には耐えがたいものがあったのである。

仏は気にとめることもなく、慈悲の心をもって衆生を愍《あわれ》み、貪苦《どんく》を脱せしめようとしたのである。かれは貧富にかかわらず、すべての家に乞食し、法施を与え、帰っていったのである。

1) 釈迦の名は、パーリ語ではゴーダマ＝シッダッタというが、サンスクリット語ではシッダールタとなる。

# 旅の途上での死

## 故郷を後にする

仏は故郷のカピラヴァスツの人びとを教化したのち、やがてコーサラ国へ向かっていった。コーサラ国ではそのころ、アナータ＝ピンダダによってつくられていた祇園精舎《ぎおん》（ジェータヴァナヴィハーラ）がちょうどできあがったので、仏はそこへ迎え入れられたのである。

## プラセーナジト王との会見

この祇園精舎で、仏は当時のコーサラ国王プラセーナジトと会見し、王のために、王の道を説いている。

その主要な点はつぎの三つである。第一は自分の一子のように、慈心をもって民を観《み》ること、第二は王の威勢を恃《たの》んではいけないこと、第三は邪佞《じゃねい》の人の言を聞いてはならないこと、である。

仏は祇園精舎の他《ほか》にも、その一生を通じて多くの精舎を受けた。だが一か所に止《とど》まってしまうということはなかったのである。その地方の人びとへの教化が終わると、仏はさらに他の地方へと伝道にでかけていったのである。そして仏は一生の間に、北インドのほとんどを歩いている。このことは、徒歩旅行が当時の中心であったことを思うとき、驚嘆すべきことである。

## 教勢の拡大

仏の文字通りの東奔西走《とうほんせいそう》の精力的な布教活動の結果、多くの信者が現われた。だが仏の布教活動がいつでも順調にいっていたわけではない。困難な問題に遭遇したり、人にねたまれたりしたこともあったのである。その一例を紹介しよう。

祇園布施図
（祇園精舎を仏に寄進した話を題材にした柱の浮彫りで，前2世紀ころのもの）

デーヴァダッタという仏の従兄弟《いとこ》がいた。かれは仏徳の殊勝なのを見て、内心に嫉妬《しっと》をいだき、いろいろな形で、僧団の破壊をくわだてた。

だがこのようなことによって、僧団が大きな動揺をきたすようなことはなかった。そして着実に教勢は伸びていったのである。

## 病にかかる

仏の旅から旅への布教はつづいていた。齢《よわい》すでに八〇歳に達していた。病は仏がクシナガラの近くを旅しているときに起こった。その原因は食あたりであったらしい。その近くに住んでいたチュンダという信者が捧げた食事を食べて、食あたりを起こしたらしい。

仏は食あたりによる腹痛に悩まされ、体は衰弱していった。そして非常な老齢であったので、ついに回復することができなかったのである。

自分の死期が近づいたことを覚った仏は、弟子のアーナンダに、サーラ樹の林に縄床を敷くことを命じたのである。

## 入《にゅう》滅《めつ》

アーナンダは心悲しみ、気も塞《ふさが》らんばかりであった。だが命ぜられた通りにして、そのことを仏につげた。

仏は縄床について、頭を北にし、右脇を下にして横たわった。そして手を枕にして、両足を重ねて臥したのである。

この偉大な尊者は、「心を摂《せっ》し、放逸《ほういつ》にならないように、つとめて正業を修せよ。」と、最後の言葉を弟子たちに告げ、一《ひと》たび臥して永遠《とわ》にたちあがらなかったのである。

弟子たちは仏を取り囲み、「世眼《せげん》は滅した」と哀嘆した。風は止《や》み、林流は静まり、鳥獣は寂として声無く、樹木には汁涙が流れ、華葉は時ならず落ちた、といわれる。

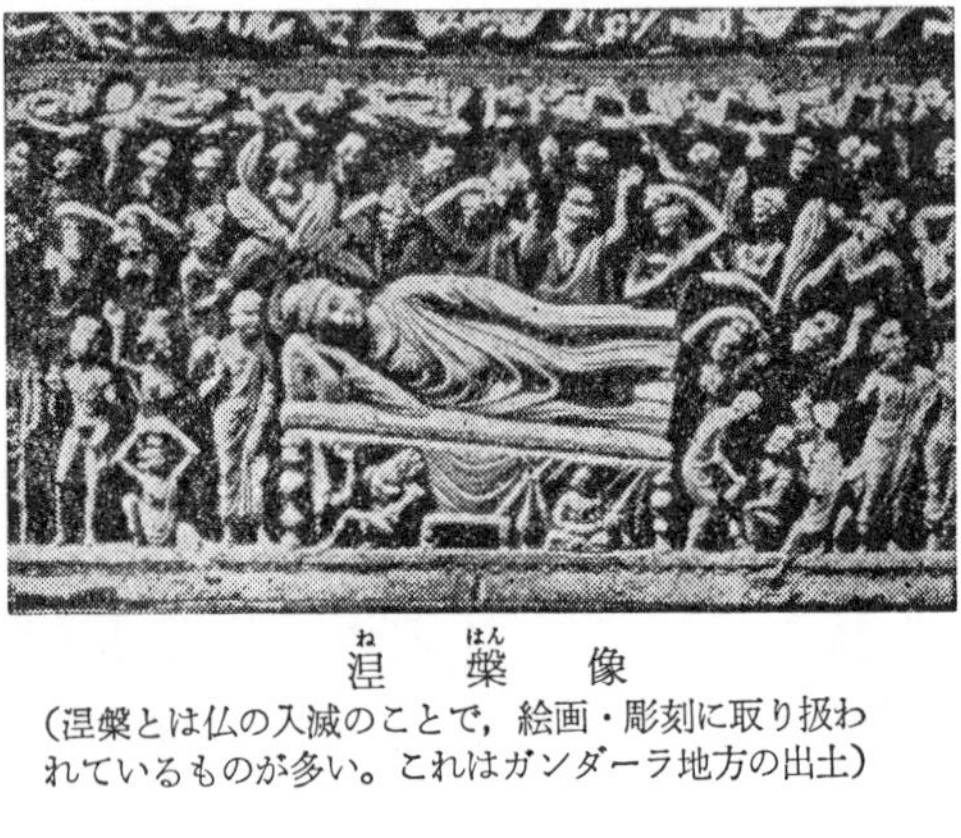

涅《ね》槃《はん》像

(涅槃とは仏の入滅のことで，絵画・彫刻に取り扱われているものが多い。これはガンダーラ地方の出土)

アショカ王の石柱の獅子柱頭
（サールナート博物館蔵）

## 火葬と分骨

仏の遺体は香料の薪によって火葬に付された。そして遺骨は八つに分けられ、八つの国で仏舎利《ぶっしゃり》塔が建てられた。

のちに、アショカ王（前三世紀ころのマウリア朝の王）はこれらの遺骨をさらに八万四千に分けて塔を建てたといわれる。

ところが、一八九八年に、釈迦の遺骨を収めた骨壺が発見されたのである。場所は、シャーキャ族の都であったカピラ

## 最後の弟子

仏の最後の弟子はスバドラというシュラマナであった。かれは若いときから、出家修行していたが、仏教徒ではなかった。だが、仏道が深いものであることを、聞き知っていた。そこで仏の看病をしていたアーナンダのところへきて、頼んだのである。

「わたしは仏の道なるものを聞いたが、その義は深くて、測り難い。仏は世間における、この上ない覚者であり、第一の調御師である。今入滅されてしまったら、また再び、会うことはできない。見難いものを、見ることは、鏡中の月のようにむずかしいことです。わたしは今、この上なき善導師に会いたいのです。そして衆苦を免《まぬが》れ、生死の彼岸《ひがん》にわたりたいのです。どうか、ほんのしばらくの間、会わせてください」と。

アーナンダは、このようなときに、かれを仏に会わせることを望まなかった。だが仏は、快く、かれの希望を受入れ、かれのために、八正道を説いたのである。かれはこれによって、ただちに迷いを離れることができたのである。

ヴァスツの近くのピプラーワーという所である。フランス人ペッペが、古墳を発掘しているさいに発見したのである。この骨壺には紀元前数世紀の文字で釈迦の遺骨であることが記されていたのである。

　この遺骨は、熱心な仏教国であるタイの王室に譲り渡された。のちにその一部が日本にも分与され、名古屋の覚王山日泰《にったい》寺に納められ、現在に至っている。

アショカ王の石柱
（ラウリャーナンダンガリに今も建っている）

**現在の仏教圏**

　三大世界宗教として、仏教・キリスト教・回教が数えられている。仏教は他民族の文化摂取という形で広まり、アジアのほとんどの国々で信奉されてきた。現在ではおもに、東南アジア・東アジア・セイロンなどがおもな仏教圏である。本場のインドでは、現在では民族宗教であるヒンズー教が大勢を占め、仏教徒はほんのわずかしかいない。ただしインドのヒンズー教は仏教の影響を強く受けている（平等の思想や肉食の禁止など）ので、仏教はヒンズー教の中へ吸収されて生きているとも考えられる。

# Ⅱ 釈迦の思想

# はじめに

**思想を書くにあたって**　仏教の開祖である釈迦（前四六三～三八三年）は自分自身では一冊の本も残していない。いわゆる仏教の経典といわれるものは、弟子たちの解釈を通して作りあげられたものである。しかし釈迦の思想を再現してみようと思うものにとって、客観的な文献資料としてはこれら以外にはないのである。そこで、本書ではどのような資料を、どのようにあつかって、釈迦の思想を再現しようとするのかについて、少しのべておきたい。

だが「釈迦の思想を再現する」ということは実は大問題であって、資料的にも、思索的にも今後研究されなければならない問題を多々残しているのである。

本書といえども、そのような大目的に向かっての一つの迫まり方にすぎないのである。

**仏教の文献**　仏教の文献は「三蔵《さんぞう》」としてよく整理され、保存されている。代表的な三蔵（大蔵経《だいぞう》ともいう）としては、セイロンの上座部に伝わるパーリ語で書かれた三蔵と、漢訳仏典を中心として、中国・日本などで作られた三蔵がある。

三蔵とは、経蔵・律蔵・論蔵により構成されているのでこの名がある。経蔵とはおもに、仏の言動を弟子たちがまとめたとされているものである。律蔵とは僧団の戒律《かいりつ》・規則をまとめたものである。論蔵とは経・律を解説したり、経律にもとづいて、思想を体系的に論じたものである。

そして、これら三蔵に含まれる文献の数は膨大《ぼうだい》なものである。現在もっとも完備している三蔵の一つである『大正新脩大蔵経《たいしょうしんしゅうだいぞうきょう》』には三、一三〇部の文献が収録されており、その巻数は一二、一七五巻、ページ数は八三、九九八ページといった驚くべき量である。

大正新脩大蔵経
（その一部である）

それゆえに、これら全部を読もうということは、まず普通の人には一生かかっても容易なことではないのである。それゆえ文献学の助けをかりて、これらの本がそれぞれどういう本であるかの大体をまず知って、研究目的にしたがい、これらの中から基本的な文献を選ぶ必要がある。

本書における「思想」の論拠になった資料については、あとで、そのつど説明することにし、その前に、インド仏教史を概観し、それと仏典との関係をしらべておきたい。

## インド仏教史概観

仏教の思想について疑問な点がある場合、釈迦の在世中は、直接釈迦に聞くことができたから問題はなかった。

だが釈迦の死後は事情が変わってきた。釈迦の死後しばらくの間は、釈迦から直接教えを聞いた人たちがたくさんいたので、釈迦の教えは正しく守られていた。しかし、やがて直接教えを聞いた人たちもこの世を去り、間接的にしか教えが聞けなくなってきたころ、その教えの解釈をめぐって、人びとの間に論争が生じ、継承の仕方に違いがでてきた。

巨視的にながめれば、これらの継承の差異を二つに大別することができる。一つは釈迦の個人的な領域の面を強調した人びとであり、他は社会的な領域の面を強調した人びとである。

前者は上座部、後者は大衆部と呼ばれるが、これらの両部がさらに、時代とともに細かく分かれていったのである。

大衆部系統のものから、西暦紀元前後のころ、大乗仏教と呼ばれる社会的領域の面をさらに強調した仏教が飛躍的に発展してくる。

原始仏教（釈迦の生存中および、かれの教えに異説が生まれなかった時期の仏教）と、大乗仏教がでてくる間の時期の仏教を総括して部派仏教の時代と呼んでいる。

現存する仏教の最古の文献でも、この部派仏教時代にできあがったものであって、原始仏教時代に属するものはないのである。

## 原始仏教の思想の探索

原始仏教とは前にものべたように、釈迦の生存中およびかれの教えに異説が生まれなかった時期の仏教とする。

そこでもしも、原始仏教の思想が再現できるならば、それが釈迦の思想だといえるわけである。ところが前にも述べたように、釈迦自身は一冊の本も書いていない。また釈迦の死後も、かなりの間、仏の弟子たちは仏の教えを、つまり仏教を口で伝えていただけである。やがて、仏教の解釈をめぐって、異説が生まれ、各々《おのおの》の信ずる所にしたがって学派が生まれてきた。このような学派がふえてきたので部派仏教の時代というのであるが、この時代になって文字で書きとめておくことがはやってきたのである。

その後、各派によって各派の仏典ができ、いろいろと手を加えられてきた。われわれはこれらの資料から釈迦の思想を再現しなければならないのである。したがって、部派仏教時代の文献が資料としての第一グループを形成する。

つぎに西暦紀元前後のころ、大乗仏教運動なるものが起こった。大乗仏教徒たちは、いままでの部派仏教の立場は、どうも釈迦の思想の真意を伝えていないといった。そして、釈迦の名に託して別に多くの経典をつくったのである。われわれ日本人によく親しまれている『般若《はんにゃ》経』『法華《ほっけ》経』『華厳《けごん》経』『阿弥陀《あみだ》経』などはいずれも大乗経典なのである。したがって、これらの文献は、歴史的には、部派仏教時代のものより、かなり後にできたものであるが、釈迦の思想の探究の資料としては、前のものと等しく重要な意味をもつのである。

それゆえ、大乗仏教時代の文献が資料としての第二のグループを形成するわけである。

本書の論述に当たって、わたくしはおもに第一のグループのものを用いたが、第二のグループのものも全く用いないということはしなかった。

### 仏典の成立 (1)

釈迦の説法ははじめは弟子たちによって、暗誦に便利なように短かい句や詩の形で、まとめられた。これらの句や詩は最初は古マガダ語でおもにまとめられたようである。やがてアショカ王時代（紀元前二六八〜二三二年在位）の前後に、これらの句・詩に対して散文で説明がなされた。ついでこれらが集大成され経典が成立するのである。経典の成立と並行して教団のきまりである律典も成立した。マウリア王朝以後になると仏教教団が多くの部派に分れて——部派仏教時代——それぞれの派によって、経・律に対する統一的な解釈を示す論典をつくった。のちに三蔵といわれるものは、上の三つを、経蔵・律蔵・論蔵としてまとめたものである。論蔵は各派でつくられたわけであるが、現在もっとも完全な形で残っているものは、セイロン上座部のもの（パーリ語）と説一切有部《せついっさいうぶ》のもの（漢訳）である。

# 仏教の根本思想

## ―『プラジュニャーパーラミターフリダヤ』を手がかりにして―

### この経について

『プラジュニャーパーラミターフリダヤ』という経は大乗仏教に属する経典である。そして経典中でもっとも短かいものである。だが内容的には、仏教思想の精髄《ずい》をのべたものとして、きわめて重要なものである。

日本の仏教にとっても、玄奘《げんじょう》の漢訳（『般若心経《はんにゃしんぎょう》』）を通して親しまれ、研究されてきたものである。そして、現在でも浄土教系統を除くすべての宗派で重視されているのである。

今は、直接サンスクリット原典から読みとれる内容を紹介したい。これによって読者は仏教思想の基本的なものの考え方を理解しうると思う。また、この経典は短いものであるので章末に全文を和訳してみた（一一〇ページ以降参照）。

したがって読者は、思想内容の説明と全文の和訳とを熟読含味《がんみ》してほしい。

このことによって、読者はまず仏教の根本的な考え方を理解しうることと思う。そのあとで、今度は、歴史的な発展段階に立ちもどり、最も古いと思われる資料のみによっ

プラジュニャーパーラミターフリダヤ
（法隆寺に残る写本で８世紀のものという）

て、なにが原始仏教の思想であるかをもう一度しらべよう。

## 根本思想

### 根本的思想を示す概念

この経の根本思想はなんであろうか。この経では題名の示すように無分別智を強調する。人間の意識が分別智を突きぬけて無分別智に気づいたことに重点がある。

この経を根本的思想からみた場合の重要な概念は「無分別智」「無分別智の完成」「無実体性」「無実体な」である。

「無分別智」の概念は自覚的意識の面から、「無実体性」「無実体な」の概念は原理的面からの命名であると解せられる。

無分別智は分別智に対する語である。分別智の特徴があれ・これ、大・小、美・醜と物事を分ける働きがあるのに対し、無分別智はあれ・これ、大・小、美・醜といまだ分かれないところのものを、直接的に意識がとらえるところに特徴がある。

サールナート遺趾のダーメク塔
(ダーメク塔はストーパともよばれ，仏の死後その舎利<遺骨>を奉蔵したもの)

「無実体性・無実体な」は実体に対する語である。

われわれの意識が無分別智にまで深まると、物事を無実体性において眺めることになる。この経の根本思想を示す概念はこれらの無分別智と無実体性である。

しからば無分別智が無実体性において眺めた具体相はいかなるものであるか？　この経ではつぎのようにいっている。

「聖なるアヴァローキテーシュヴァラ求道者が深い無分別智において、行を行じていたとき、分別して見た。五つの構成要素があると。そしてそれらを、自性無実体であると見た。」「シャーリプトラよ。この世において物質的現象は無実体性なる性質があり、無実体性なることこそが、物質的現象である。物質的現象を離れて無実体性があるのではなく、無実体性であることから離れて物質的現象があるのでもない。物質的現象は無実体性であり、無実体性が物質的現象である。（精神的現象である）[1]受・想・行・識もまさに同様である。」

「シャーリプトラよ。この世において、いっさいの物は無実体性なる特徴があり、生ずることなく、滅することなく、垢《けがれ》でなく、垢《けがれ》を離れてもなく、減ずることなく、満つることもない。そういうわけであるから、シャーリプトラよ、無実体性（という立場）においては、（実体視されたものとしての）物質的現象

1）（　）の部分は理解を助けるために筆者が付加したものである。以下同じ。

はなく、(精神的現象たる）受・想・行・識もない。(また実体視された）眼も耳も鼻も舌も触覚体も意もなく、(それらの対象たる）色も声も香も味も触覚も（考えられる）法もなく、（また認識するものと認識されるものによってつくられる）眼の領域から意識の領域までもない。」
「(十二因縁《いんねん》たる）明もなく、明なきこともなく、明の尽きることもなく、明なきことの尽きることもなきことから、老・死なく、老・死の尽きることなきまでもなく、（また四諦《たい》の説たる）苦も、苦の原因も、苦を制することも、制することへの道もなく、（また）智もなく得もない。」

無分別智の立場からは右のような自覚がなりたつ。つまり無分別智からみた特徴はいっさいの差別〜分別を否定することにある。このことがこの経においては特に重要なのであって、無分別智と分別智とを区分する根本である。

## 普通の認識

普通のわれわれの認識からすると大があり小がある。長があり短がある。美があり醜がある。善があり悪がある。生があり死がある。そしてこれらはわれわれの意識に先き立って、いわば客観的にあると思われがちである。

しかし実はわれわれ自身が大・小としているのであり、長・短としているのであり、美・醜としているのであり、善・悪としているのであり、生・死としているのであるとこの経はいう。これらはわれわれの分別智の働きである。

分別智は物事を分けてみることにその特徴をもつ。分別智という尺度=物指から見た場合に、大・小、長・短、美・醜、善・悪、生・死ということがいわれる。そしてこれらの分別=差別は分別智からみているのだという限りにおいて正しいのである。ところが、ともするとわれわれは自分がよっている尺度=物指を忘れてしまって、話しを進めていることが多い。分別智において眺めれば、大・小、長・短、美・醜、善・悪、生・死は確かにある。あるというよりもそのように分別智が分別したのである。したがって、大・小、長・短、美・醜、善・悪、生・死は分別智という尺度=物指による所産なのである。

ところがわれわれはうっかりすると、この分別智という物指を忘れてしまって、あたかも、いわば客観的にというか、無条件に大・小、長・短、美・醜、善・悪、生・死があると思い込みがちである。事実、大・小といえば、人間の便宜的な区分であることをだれでも承認するような臭《におい》を十分にのこしている。長・短といってもまた同じである。美・醜となると人間の便宜的な区分ではないと主張する人がいくらか出てくるのかもしれない。善・悪となるとさらに多くなるであろう。そして生・死となれば、無条件に存在すると思う人々が大多数となるであろう。しかしこれらのいずれも、分別智という物指で測られたときになりたつものであって、決して無条件にあるものではない、とこの経は主張する。

そうすれば当然物指が変われば、違った測りかたがなりたつことがうなずける。そしてこの『プラジュニャーパーラミターフリダヤ』ではまさに違った物指を出して来《き》ているのである。その物指の名を無分別智という。

説法の釈迦像
（5世紀ころのもので，サールナートの出土品）

## 無分別智とは

それでは無分別智とはいかなるものであるか？

無分別智という言葉は原典のサンスクリット語ではプラジュニャー（prajñā）という。漢訳ではおもに般若《はんにゃ》と訳されている。

このプラジュニャー（無分別智）の概念の了解は言語学的分析によって迫まっても、多くの効果はあがらないのではないか。むしろ根本的な体験的了解に依存するものと思う。仏教哲学は一方において根本的な体験的了解に裏づけられている。そしてその体験的内容は一般に言忘慮絶《げんぼうりょぜつ》のところにあるようである。

しかし他方その体験を人類共通の財産とするためには、その一つの方法として、体験の言語化が要請せられる。このプラジュニャーの語も、かかる宗教的体験の言語化されたものであると思う。事実プラジュニャーを言語学的に分析してみても、プラジュニャーはプラ（pra、前に、向かって）＋《プラス》ジュニャー（jñā、智恵）であり、「（悟りへ）向かって行く智恵」というほどの意味であり、経典がプラジュニャーについて述べている内容を、直接的にはわれわれに与えてくれないのである。

## 古典とわれわれ

そこでわれわれは古典に書かれている言葉を通して、それを追体験し、それを自分の言葉で、つまり、われわれの時代の言葉でいいかえてみることも必要であると思う。このような方法は自分の理解をはっきりとさせると同時に、同時代の人類共通の財産にする一つの方法となりうると思うからである。

このような観点からわたくしにもわたくしなりの表現を許してもらいたい。

無分別智（プラジュニャー）とは本来未分化なる全体が、本来未分化なる部分を通して、本来未分化なる全体を知る意識である。

したがって無分別智は分別智が便宜的な意味を忘れて、実体的に部分=個物を立てる場合には、それらの部分=個物をすべて否定する。このような実体的部分=個物の否定が無実体性ということである。

この経で無分別智から眺めたときの、二・三の発言はさきに訳した通りである。（なおこの経の全文をわたくしなりに訳したものを一一〇ページ以下に付しておいたので、あわせて参照されたい。）

ここではもう少し突っこんで一般的に考えてみたい。さきに大・小、長・短、美・醜、善・悪、生・死を例としてあげたので、これらを無分別智から眺めさせてみよう。

### 大・小、長・短、美・醜の場合

まず大・小から始めよう。分別智の立場からは便宜的に大・小という。無分別智の立場から眺めるとどうなるか。

大きい、小さいといったところで比較の問題である。固定した大はない。固定した小もない。同様に固定した長もなければ、固定した短もないことはすぐわかる。美・醜はどうか。確然と分けられた美・醜はない。美もより大なる美に対しては醜となり、醜も醜の醜に対しては美となる。したがって固定した美はない。固定した醜もない。大・小、長・短、美・醜までは本来固定したものではなく、便宜的に分別智が別けたものであることにはまず異論はないと思う。

では善・悪、生・死はどうか？

### 善・悪の場合

善・悪も同じく人がよいと思い込むものが善となるのであり、悪いと思い込むものが悪となるのである。

したがってなにを善とし、なにを悪とするかは各個人によっても異なり、種によっても、類によっても異なってくる可能性がある。

サンチーの塔（ストーパ）
（左　第1塔＜前1世紀＞ 右　第2塔＜後1世紀＞）

善・悪と立てるのもやはり分別智の所産であり、無分別智の立場からはやはり善・悪をも否定する。

これは倫理学上の問題としては重大なことであるので、別に項目をもうけてあとで述べることにしている。

### 生・死の場合

最後に生・死の問題が残された。この経においても、無分別智の立場から「老・死なし」の言葉があった。老・死でも生・死でもよいが、死ということ一つとってみても、それがない、といえるのはいったいどういう自覚にもとづいているのであろうか。

生・死と分けるのは分別智の働きであり、無分別智は生・死と分かれる以前のところをとらえる。したがって分別智における生・死の区分がなくなるから、生・死がないとなる。生・死と分かれる以前の「以前」とは、時間的に前という意味ではなく、論理的意味での以前である。分けられるためには、分けられる基体がなければならないからである。

ついでながら、生死の語は後に、迷いの意味にもつかわれるが、これは生死と分ける見方が一方的であることにもとづいているからであろう。

再言すれば分別智の立場からすれば、生・死と分けてよいが、無分別智の立場からすればその区分は否定されるからである。

さきに、無分別智とは本来未分化なる全体が、本来未分化なる部分を通して、本来未分化なる全体を知る意識である、といったが、結局、無分別智的了解は未分化的=全体的了解なのである。

それに対して分別智的了解は分化的=部分的了解、あるいは部分を積重ねた総体的了解である。

そしてこれら二つの智がわれわれにはそなわっているようである。分別智がただ分別智によって裏づけられ、働くときは危険をはらむことが多い。それはさきにもみたように分別智の特徴は物事を確然とわけてゆくところにあるからである。

そこからは大・小、長・短、美・醜、善・悪、さらには絶対的善、絶対的悪や生・死が出てくる。そして、これらが無分別智に裏づけられていない分別智であるときには、危険や苦悩の原因となりうることはおのずからわかるであろう。

## 倫理思想

### この経の倫理学への適用

この経がのべている中心問題はもちろん宗教的な深い自覚の問題であって、必ずしも倫理学の問題ではない。ここに掲げた題は私の仏典の倫理学的問題への適用なのである。この経には、それだけの幅と深さがあると思うからである。ここでは倫理学の根本問題に属する善・悪の存在の仕方の問題と、倫理的意見の不一致の解決の仕方の問題に関して、この経の立場からしたら、どうなるかをみたい。

## 倫理学的問題点の整理

このような問題に対する今までの意見を類型的にもう一度、簡単に振りかえってみておくために、B・ラッセルの『西洋哲学史』の中から一文を引用する。かれはプラトーンの『国家篇』を紹介しているところで、倫理学のこの種の問題にもふれている。

B・ラッセルはいう、「倫理においては、（科学において真理とみなされていることと）同じように意見の一致する言説は存在するか、」[1]ということを問題にしている。そして「もしあるとすれば、そのような言明を、私行の規範や政治学の基礎とすることができる。また存在しないとすれば、哲学的真理がどのようなものであろうと、実際にわれわれは次のような状態に追いやられるのだ。すなわち、力を持つ諸集団の間に有《ゆう》和《わ》し得ない倫理的相異がある場合は常に、力あるいは宣伝、あるいはその両方による闘争をやる他《ほか》はない、という状態である。[2]」

以上の発言の中には、さきにのべた倫理学の根本問題に属する重大な問題が含まれている。それらは、

① 地球が太陽のまわりをまわっている、という事実に対応するがごとき、絶対的「善」・「悪」は存在するか？

1) B. Russell History of Western Philosophy 市井三郎訳 西洋哲学史一二四ページ （ ）内は筆者の補充。
2) 前掲書 一二四ページ

② 倫理的意見の不一致は解決が可能であるかいなか？
という問題である。

## 二・三の解答

ラッセルは『国家篇』の中の相対立するトラシュマコスとプラトーンの意見を紹介している。

トラシュマコスは「正義とは、強者の利益になること以外の何者《なにもの》でもない。[1]」と絶対的善・悪を否定する。プラトーンは「善は存在する。またその本性は探知し得る。ひとびとが善について意見を異にする場合には、少なくともその一人が知的誤謬《ごびゅう》を犯《おか》しているのであり、それはちょうど、ある事実問題に関して科学的な意見が相異する場合と同じだ。[2]」と絶対的善悪を肯定している。

## 現実の世界

しかるに一方現実の人間社会においては、十人十色というように、趣味の違い、好き嫌いの違い、価値観の相異が対立世界を現出している。そして、この対立世界のために争論、喧嘩《けんか》が起こり、あるときは力を背景とした戦争にまで発展する。そこでわれわれはたえず、この対立世界のさまざまな困難な問題の解決を迫まられているわけである。つまり倫理的意見の不一致の問題はどのように

1) 前掲書　一二三ページ
2) 同　前　一二四ページ

したら解決できるかということになる。

一般的にこの問題に対しては二つの答えが考えられる。

① さまざまに相対立する倫理的意見を一つにまとめること。

② 意見の対立はそのまま認めて、その間に調和を保つこと。

以上の二つである。

①が達成されるためには、だれもが承認するような絶対的な善が確立されるか、あるいは力によって、強制的に一つにするかのいずれかである。

この倫理的意見の不一致の問題に関して、先の二人の場合はどうなるか？

トラシュマコスの場合には、絶対的善・悪は存在しなかった。かつ「正義とは、強者の利益になること以外の何者でもない。」とすることから、倫理的意見の不一致は強者に右へならえさせられることによって解消されてしまう。

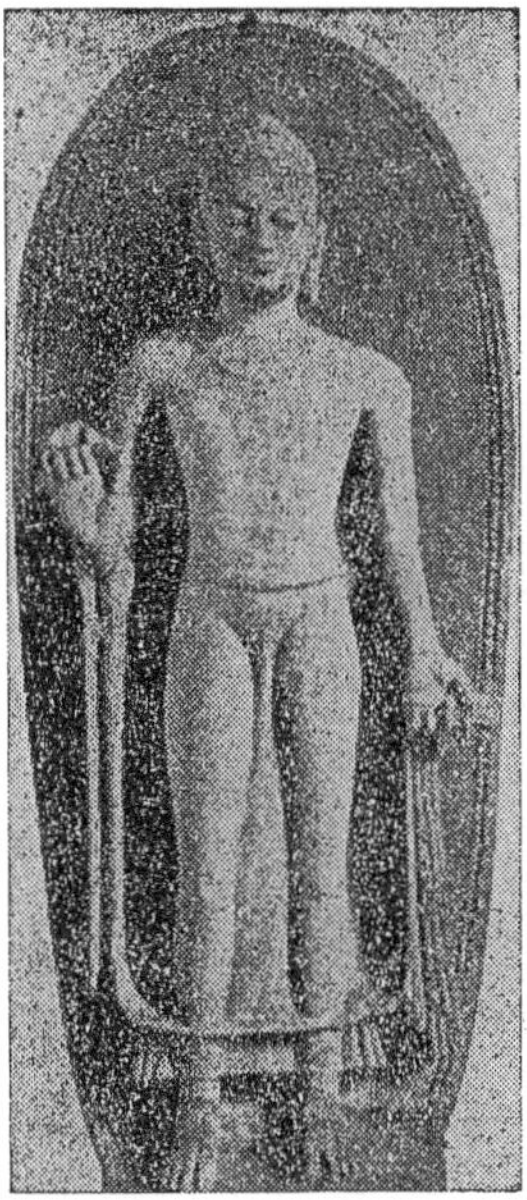
仏立像
（サールナートのもので，6世紀ころにつくられた）

プラトーンの場合は絶対的善・悪は存在する。したがって知識が完成してくれば意見は一つになるから、倫理的意見の不一致は解消する。

ラッセル自身は不定である。かれは「もし自分自身による以外に何もないとすれば、倫理的不一致は感情的な訴えによってのみ、あるいは暴力—究極的には戦争—によってのみ、落着をつけることができるのである。事実問題については、われわれは科学や観察という科学的方法に訴えることができるが、究極的な倫理問題になると、それに類したこととは何もないように見える。しかしもしこれが本当だとすれば、倫理的紛糾は力—宣伝の力を含む—の争いに還元されてしまうのである。」[1]とのべ、かつ「以上の問題はむずかしいものであり、わたしは自分にそれが解決できる、と明言するつもりはない。現在のところは、この問題が存在することに注意するだけで、満足することにしよう。」[2]といっている。

## この経の立場

ではこの経の立場からすれば以上の質問はどうなるであろうか？　この経では無分別智の完成においては、眼・耳・鼻などを始めとして、およそ分別智によって分別されたものが否定されている。そしてそれらのものが無実体性において了解されている。無分別智の特徴はおよそあれ・これと分ける見方を否定し、あれ・これと分かれてくる以前を問題にしていると思う。本来未分化なるものを分別智があれ・これと分けるのに対し、無分別智は未分化なる本来の姿のままでとらえるのであると思う。

1) 前掲書　一二三ページ
2) 同　前　一二五ページ

このような性格をもつこの経の立場からみたとき、さきの二つの質問はどうなるか。

### 絶対的善悪は存在するか

①　絶対的善・悪は存在するか？

②　倫理的意見の不一致は解決が可能であるかいなか？

の答はどうなるか？

①の「絶対的善・悪は存在するか？」に対しては、結論的にいえば「否」である。なぜなら無分別智の立場はいっさいの分別、対立を越えており、したがって無分別智の世界は善悪をも超越しているからである。善・悪を分け、善・悪を主張するのは、分別智の所産であり、無分別智の立場は、それらを否定し、まだ善・悪と分かれないところを問題とするからである。ここにおいて、この経では善・悪の絶対的な存在は否定される。

### 倫理的意見の不一致は解決が可能か

つぎに②の「倫理的意見の不一致は解決が可能であるかいなか？」に対してはどうなるか？

解決のされ方として、さきに二つの場合を考えた。

①　さまざまに相対立する倫理的意見を一つにまとめること。

②　意見の対立はそのまま認めて、その間に調和を保つこと。

の二つである。

①の「さまざまに相対立する倫理的意見を一つにまとめる。」という考え方をこの経の中に求めると、それを承認する説を、さきにのべたプラトーン流にしろ、トラシュマコス流にしろ見つけることができない。さきにもみたようにこの経においては、絶対的善・悪を否定しているからである。また暴力等の力による統一も、この経をはじめ仏教経典思想中にその伝統をみないのである。

ではつぎに②の倫理的意見の対立はそのまま互いに認めて、その間に調和を保つ考え方を検討してみよう。この②の考え方を同じく、この経の中に求めてみると、この経の考え方はほぼこの②の考え方と一致することを認めうると思う。

なぜなら、この経においては、いっさいの分別的区分、対立を否定し、その結果として絶対的善・悪をも否定した。したがって善・悪というときには分別智の立場からであり、無分別智の立場からではない。したがって善・悪というときは、それらは分別智の主観的な一つの区分であり、おのおのの人びとの違った善悪はそれぞれ、相対的なものであり、互いの主張は五分と五分とでしかありえないのである。

## 寛容と調和

このことを自覚すれば、互いに自説を絶対と考えることはなくなり、自分は自分の説に従うが、他説をも認めることができるという寛容の態度がうまれるのである。また寛容の意味もこのような考えに裏づけされて、その哲学的意味をもつと思う。ここにおいて相対的価値の相互承認がなり立ち、そして異説間に調和が保たれる。

このような哲学的背景を持たぬ調和は、力の均衡の上に立った調和である。したがって力の均衡が破れれば調和もくずれる恐れがある。

以上でこの経を倫理学的視点から眺めた結論として、絶対的な善・悪は存在しないこと、しかしこれは倫理的現象を破壊することではなく、相対的価値の相互承認によって、倫理的意見の不一致の解決をなし、そのお互いの自覚の上に調和が保たれることを、この経の中に読みとることができると思う。

## 具体的善・悪

それでは、相対的価値の一つである、仏教でいう具体的善・悪はどのようなものであろうか？　それをこの経典の中に求めてみたい。


一般的には般若《はんにゃ》経系統の経典では、六つの完成を具体的な実践項目としてあげる。しかしこの経においては、一般の般若経典でいわれる六つの完成の名は出てこない。ただ無分別智の完成がでて来ているだけである。それはこの小さい経典の主題が、具体的な時空に制約された人間関係の徳目をのべることにあるのではなく、最も根本的な自覚に重点があるからであろう。

したがって、われわれはのちほど、他の経典によって、具体的善・悪の内容を検討してみたい。

このようなわけで、われわれはこの経からは時空の制約を受けた、具体的な善悪を見つけることはできなかった。

しかしわれわれはこの経の真意を了解することによって、われわれが具体的に置かれた時空内において、なにをなすべきかを考えさせられる要素を多分にもっていると思う。

以上のことから、具体的な善・悪の内容はこの経の中にはないけれど、倫理学の根本問題として、絶対的な意味では善・悪は存在しないということ、しかしこのことは倫理的世界を破壊することではなく、かえって真の意味で成就することであるということ、その具体的方法は、寛容にもとづいた相対的価値の相互承認によって、倫理的不一致の解決をなそうとするものであることなどが明らかにされたと思う。

## ――付『プラジュニャーパーラミターフリダヤ』和訳――

（　）の内部は、理解を容易にするための訳者の補充を示す

### 一切智者に帰命する

聖なるアヴァローキテーシュヴァラ求道者が、深い無分別智において、行を行じていたとき、分別して見た。五つの構成要素があると。そしてそれらを、自性無実体であると見た。

シャーリプトラよ。この世において物質的現象は無実体性なる性質があり、無実体性なることこそが物質的現象である。物質的現象を離れて無実体性があるのではなく、無実体性であることから離れて物質的現象があるのでもない。物質的現象は無実体性であり、無実体性が物質的現象である。（精神的現象である）受・想・行・識もまさに同様である。

シャーリプトラよ。この世においていっさいの物は無実体性なる特徴があり、生ずることなく、滅することなく、垢《けがれ》で

なく、垢を離れてもなく、減ずることなく、満つることもない。そういうわけであるから、シャーリプトラよ、無実体性（という立場）においては、（実体視されたものとしての）物質はなく、（精神的現象たる）受・想・行・識もない。（また実体視された）眼も耳も鼻も舌も触覚体も意もなく、（それらの対象たる）色も声も香も味も触覚も（考えられる）法もなく、（また認識するものと認識されるものによってつくられる）眼の領域から意識の領域までもない。

（十二因縁たる）明もなく、明なきこともなく、明の尽きることもなく、明なきことの尽きることもなきことから、老・死なく、老・死の尽きることなきまでもなく、（また、四諦の説たる）苦も、苦の原因も、苦を制することも、制することとへの道もなく、（また）智もなく、得もない。

それゆえに、得ることがないから、求道者たちの無分別智の完成に依《よ》りて、（人は）心の障礙《しょうげ》なく住する。（人は）心の障礙がないから、恐れなく、顚倒《てんとう》を遠離して究竟の円寂にいる。（過去・現在・未来）の三世に住するいっさいの仏たちは無分別智の完成に依りて、無上の正偏智を証得している。

それゆえに、無分別智の完成の大なる真言は、大なる明の真言は、この上なき真言は、くらべるものなき真言はいっさいの苦をよく除く（ものだ）と知るべきである。（そのわけは）真実にして、虚妄ならざるがゆえに、無分別智の完成において言われた真言はつぎのようである。

往けるときに、往けるときに、彼岸に往けるときに、彼岸に全く往けるときに、覚あり、万才。

かくて無分別智の完成の心は終わった。

仏立像
ガンダーラ地方の出土

# 原始仏教の探究

以上でもって、仏教思想の基本的な考え方について了解できたと思うので、あらためて、原始仏教探究の旅につこう。さきに資料のことについてのべたが、原始仏教の探究には、

## はじめに

第一のグループとした部派仏教時代の仏典が、より重要な役割をしめる。

第一のグループの中でも、最も古い形態を止めているのは、古い時代に中国で訳された漢訳仏典である。なぜなら、セイロン上座部に伝われるパーリ語の仏典は、古《いにしえ》より今にいたるまでの間多くの手が加えられている。それに対して古い漢訳は、それ以後は少なくともほとんど固定していたわけである。

中国における仏典の翻訳は紀元二世紀から始まる。幸いなことに、二世紀に安世高《あんせいこう》という人が多くの仏典を翻訳している。そこで本書では一つの試みとして、おもに安世高訳の仏典を中心に原始仏教の再現につとめてみたい。

これらの漢訳仏典と、相応するパーリ語仏典との間に、どれだけの差異が生じたかを、あわせて調べてみたいと思ったが、余裕がなかった。後日の研究に待ちたい。

中国仏教史における最初期の、重要なる翻訳者である安世高について、一言紹介しておこう。

## 安世高という人

『出三蔵記集《しゅつさんぞうきしゅう》』巻十三の安世高伝をすべて信ずることは、とても不可能であるが、おおよそつぎのごとき人であった。

安世高は名は清といい、字《あざな》は世高といった。安息国（パルチア　紀元前二四八～紀元後二二六）の国王と正后との間に生まれた太子であった。生没の年は明らかでないが二世紀の人である。

その人柄は、言動において規矩《のり》を践《ふ》むようであったという。外国の典籍によく通じており、医術や薬学にも明かるく通じていた。

父王が死んだとき国王の位を嗣《つ》がなければならなかったが、それを嫌い、国王の位を叔父に与えて出家修道したのである。出家者としてのかれの学問は阿毘曇《あびどん》の学にくわしく、また禅経にたいしてもその妙を尽くしていた。

諸国を遍歴し、後漢の桓帝（在位一四七～一六七）の初めに中国にやってきた。短期間の内に中国語に通習し、これより仏典の翻訳を始めたのである。霊帝（在位一六八～一八九）の末に、「関洛《かんらく》の擾乱《じょうらん》」にあい、江南に移っていった。

のちに会稽《かいけい》にいったのであるが、その地で、偶然な事柄による不幸な死をとげている。『出三蔵記集』はかれの最後をこうのべている。「会稽に着き、すぐさま市にはいってゆくと、ちょうど市内で闘っている者たちに出合ってしまった。その乱は相《あ》い互いに殴撃《おうげき》していたが誤まって世高にあたってしまい、ただちに命が終わった」と。

**安世高訳の仏典**

安世高はおもに、部派仏教に属する仏典を訳しているが、大乗仏典もかなりある。また四部ほどの著述もなしたらしいが現存しない。

翻訳された仏典もあるものは散失し、ただ題名のみを残すものもかなりある。今日まで伝えられてきているものは五五部ある。これらはいずれも『大正新脩大蔵経』に収められている。

安世高訳の仏典は、現在のインド仏教史の研究成果から見るとき、大乗仏教興起以前の仏典が多い。したがって、かなり古い層の仏典を伝えている。

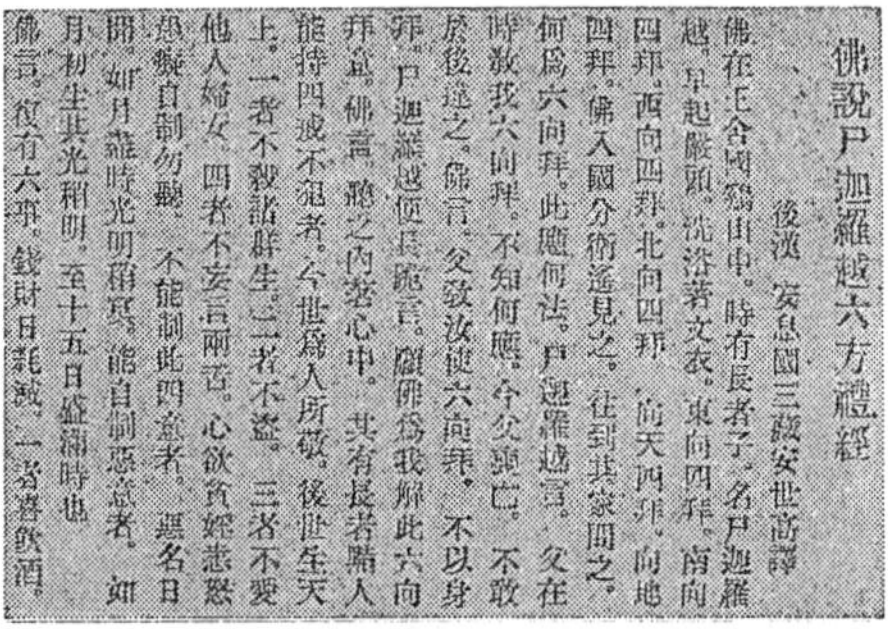
佛說尸迦羅越六方禮經
後漢 安息國三藏安世高譯
佛在王舍國鷄山中。時有長者子。名尸迦羅越。早起嚴頭。洗浴著文衣。東向四拜。南向四拜。西向四拜。北向四拜。向天四拜。向地四拜。佛入國分衛遙見之。往到其家問之。何爲六向拜。此應何法。尸迦羅越言。父在時敎我六向拜。不知何應。今父喪亡。不敢於後逆之。佛言。父敎汝使六向拜。不以身拜。尸迦羅越便長跪言。願佛爲我解此六向拜意。佛言。聽之内著心中。其有長者黠人能持四戒不犯者。今世爲人所敬。後世生天上。一者不殺諸群生。二者不盜。三者不婬他人婦女。四者不妄言兩舌。心欲貪婬恚怒愚癡自制勿聽。不能制此四意者。惡名日聞。如月盡時光明稍冥。能自制惡意者。如月初生其光稍明。至十五日盛滿時也。佛言。復有六事。錢財日耗減。一者喜飮酒。

安世高訳の仏典

安世高訳の諸仏典を、一つ一つ見てゆくとき、われわれはその内容構成の点からみて、大きく二つに分けることができる。

一つは、その仏典自身としては、内容的に前後相矛盾《むじゅん》しないものである。もう一つは、前後相矛盾するものであって、その経自身としては、一貫して矛盾なく、理解することのできないものである。翻訳仏典の全体からみれば、後者の場合が大部分であって、前者はわずかである。

つぎに思想内容からみるとき、二つの違った根本的な構想を見い出すことができる。そして仏典の多くは、この二つの異なった根本構成のもとに書かれた混合形態である。それゆえに、仏典を始めから終わりまで、一貫して理解することが困難な理由が、ここにあるのである。

一つの仏典自身内における矛盾や、仏典相互間の矛盾はどのように解せられるべきであろうか。

**仏典内容の矛盾**

中国・日本ともに、近代的な仏教研究がなされる以前は、経典はすべて釈迦一代の所説と一般にみなされていた。そこで、このような矛盾は聞く人に応じて説かれた方便であって、根本的には仏教は一つであり、矛盾するものではないとする。

この立場からは、仏教の史的発展は無視されている。だがインド仏教史を究《きわ》めるすべのなかった時代においては、やむを得ぬ解釈であったかもしれぬ。

明治以後、西洋的な史学方法に刺激されて、仏教においても、新しい研究方法が取り入られた。ここに仏教の歴史的な発展がだんだんと明らかにされてきているのである。

その成果は、経典が釈迦一代の所説たることを否定し、しかも現存するいかなる古い経典でも、部派仏教以前にさかのぼることはできないこと、その後、大乗仏教運動が興起すると、その立場から、多くの経典が生まれたことを明らかにしてきた。

したがって、われわれが経典相互間に、また一つの経自身についても一貫して、説明できないのは、むしろ当然なのである。

二つの異なった根本構想の存在は、仏教史における発展の二つの底流を示すものである。

巨視的に大別して、二つの異なった根本構想を見い出したのであるが、それらを仮に命名して、第一の仏教・第二の仏教とする。ではそれらがいかなるものであるかを、つぎにしらべてみよう。

### 仏典の成立 (2)

紀元後になると、今まで俗語で伝えられていた仏典がサンスクリットに翻訳されるようになった。このころのサンスクリット仏典はほとんど散佚《さんいつ》してしまったが、それらの漢訳が多く残され現存しているわけである。それゆえにこれらの漢訳仏典が大乗仏教興起前のインド仏教を知る資料として、重要な意味をもつのである。この時期のサンスクリット仏典の一部は、チベット語にも訳されている。またある時期に俗語からパーリ語に書きかえられ、その後時代とともに増広されたものが、パーリ語三蔵として、セイロンの上座部に伝えられている。

一方、紀元前後のころ、インドおよび中央アジアで大乗仏教が興起した。大乗仏教徒は釈迦の名に託して、多くの大乗経典をつくった。これらも漢訳およびチベット語訳され、現存の漢文の大蔵経およびチベット大蔵経の主要な部分をしめているのである。

# 第一の仏教

## 根本思想

**無常・無我**　第一の仏教の根本構想は無常無我の理をその根本思想として、個人的領域の性格としては、独立自由を基調とし、社会的領域の性格としては、平等・肉食を禁ずることなどを基調とするものである。

まず第一の仏教の基本的な思想をしらべ、つぎに個人的な領域における性格や、社会的な領域における性格を見てゆこう。

われわれはこの立場における根本的な思想として、二つの基本的な思想を見い出しうる。それらは無常と無我である。『仏説《ぶっせつ》七処《しちしよ》三観経《さんがんきよう》』(No. 150A　No. は大正大蔵経の番号を示す。以下同じ。)の第五経に、四つの顚倒《てんとう》した思想をのべている。

それら四つとは、一つには常でないものを常とすること、二つには苦であるものを楽とみなしていること、三つには固定した身などないのに身としていること、四つには不浄のものを、浄となしていることである。

『陰持入経《おんじにゅうきょう》』（No. 603）も同じ立場に立つものであり、その要点は「常でないものを常となし」、「身でないものを身となす」ことに対する注意である。そして「如来の身は無である」と無我の立場をのべている。

### 実体否定としての無我

無我の立場はインド思想史における、仏教の特徴を示す基本的な一つのものである。我とはアートマンの訳語で、なんらかの意味における実体を表わす。したがって無我とは実体を立てないことである。

インドの伝統思想が我（有）の立場に立っていたのに対し、仏教は無我（無）をその基本的立場としている。

無我とは、どのような意味においても、実体を立てない立場であるから、時間的に変わることを意味する。

したがって、無我は無常と異音同義である。そして無常こそが「世世の相」だといい、無常をいいかえて、「世世の相」は「つかれず、強まらず」といいきるのである。

個々の物には強まり弱まりがある。たとえば、木には萌芽・成長・大木となり、やがて風もないのに倒れてゆくということが観察できる。だが「世世の相」は変化そのものをいうので、弱まりも強まりもない。そしてこのように変わるというような原理を、法身というのである。

したがって法身は山川草木のように、眼・耳・鼻・舌・身の対象となる形而下《けいじか》のものではなく、眼・耳・

鼻・舌・身の対象とはならず、形を越えている意味で形而上のものである。それゆえに、法身は物とちがって、「法身は生ずることがない」となる。法身に対するつっこみは、ここでは十分になされていないが、この法身を知るところに、すべての仏を同一に見ようとしている。

## 個人的領域の思想

つぎに個人的な領域における性格について、そのいくつかを経典を一単位として、しらべてみよう。『仏説是法非法経《ぶっせつぜほうひほうきょう》』(No. 48) においては、賢者とはなにであり、非賢者とはなにであるかを説いている。

### 賢者とはなにか

この経はいう、「貪婬《どんいん》・瞋恚《しんい》・愚痴《ぐち》をよく断ち、自《みずか》ら誉《ほ》めることなく、自ら憍《おご》ることなく、また、他人を欺《あざむ》くことのないのが、賢者の法である。この反対が不賢者の法である。人は語り方や説き方がうまいと、ついそのことを自ら名誉としたり、つい他人を欺くものであるが、これは非賢者の法である」と。

同様になにか人にすぐれているところがあるのを自慢するのは賢者の法としていない。これは積極的に人間の道徳的態度を示したものである。

そのほか、個人的な領域のものについては、道徳的な心情や言行をのべたものが多い。そのいくつかをもう少し紹介してみよう。

### 五つのよくないこと

『仏説七処三観経』(No. 150A)の第一九経に、五つのよくないとするものをのべている。

それらは「愛欲・いかり・いぎたなくねむること・五つの身の楽しみ・疑って(人を)信じない」ことである。

また第三七経では、自己の悟りと同時に、布施《ふせ》が対人関係においては、重要な意味を持つので、この経では、その心理的な問題をとりあげている。布施する意識に後悔があるようでは、だめだというのである。しかしまた、後悔がなくなるようになるのは、むずかしいことだともいっている。

### 散歩の利点

一方また経典は、道徳的なことをのみのべているわけではない。第二〇経には散歩の五つの利点をのべている。

「散歩すると走れる。力が出てくる。ねむりを除くことができる。食べたものが、消化しやすくて、病気にかからない。心の安定を得やすく、またすでに心の安定を得れば、長く保てるようになる。」と。

このような種類のものは、なにも仏教だけに特有なものではない。古い時代からの、人間の智恵を整理したり、みずからの経験を反省してのべたものである。
ただ観念の世界にのみ、とじこもらずに、実践の道を説くところにゆとりと意義がある。

### 悩みの原因

つぎに一般に、個人的領域における悩みがなんのために起こるのか？ また、その悩みを解決するためには、どういう方法がとられなければならないのか？ このような問題について、経典の言葉を聞いてみよう。

### 死んだ子に対する悩み

『仏説《ぶっせつ》婆羅《ばら》門子《もんし》命《みよう》終《じゆう》愛念《あいねん》不《ふ》離経《りきよう》』（No. 91）には、子どもを失ったバラモンの悩みと、妻を、妻の実家からとりかえされようとしている夫の悩みをのべ、その悩みの原因をのべている。

仏説法座像
（ガンダーラ地方の出土）

子を失ったバラモンはいう、「わたしには一子があったが（子の）命が終わった。（わたしの）愛念はかれを離れない。(子の）命が終わって、わたしは食べることもできない。飲むこともできない。衣を着ることもせず、香を（身に）塗ることもしない。わたしはただ家にあって、啼泣《ていきゆう》するのみである。啼泣するとき、（子を）抱えあげていたことを憶念する、」と。

そして悩みの消えない原因を、愛（貪《むさぼ》り欲する心情）に帰している。「愛が生ずれば憂慼《ゆうせき》・苦があって楽しめない、」と。

### 妻をとり返されようとしている夫の話

妻を取り返されようとしている夫の話はこうである。

「昔、一人の婦人がおり、実家に還帰した。かの女の親属は婦人を奪って、他人に与えようとしていた。その婦人は親属がわたしを奪って、他人に与えようとしているのを聞いてしまった。婦人は聞きおわると、すぐさま、夫の所へ走って還っていった。そして夫に告げていった。『君よ、わたしの親属が、わたしをとって、他人に与えようとしているのをまさに知るべきである。君のまさになすべきことを、今まさになすべし、』と。ここにおいて、かの人はきわめて鋭利なる刀を作って、かの婦人の手をとって、屋中に入り、『共に同じく去ろう、共に同じく去ろう、』とのべ、かの女人の命を断ち《た》、またみずからも命を断った、」と。

そしてここでも、「愛が生ずれば、憂慼・苦があって、楽しめない、」をその結論としているのである。

このように、この経では、愛というこだわりから、苦が生ずることをのべているのである。

### 四諦の説

『仏説転法輪経《ぶっせつてんぼうりんきょう》』(No. 109)になると、苦と苦の原因、苦を制することと、その方法とをかなり組織的に論じている。この経の要をとっていえば、つぎのようになる。

「世の中には、生老苦・病苦・憂悲《ゆうひ》悩苦・怨憎《おんぞう》会苦・愛するものと別れる苦・求めて得られない苦がある。だがその原因は、つまるところ、欲愛にしろ、色愛にしろ、不色の愛にしろ、貪恚《どんき》を離れないところにある。

したがって、苦を制しようと思うなら、貪恚を忘れればよいのである。そのためには八つの正しい道がある。

一は正しい見解、二は正しい思考、三は正しい言葉づかい、四は正しい行為、五は正しい生活、六は正しい努力、七は正しく記憶にとどめること、八は坐禅によって、正しく精神を統一することである。」

そしてこれらの八つの道が、中道であるとする。

## 道徳論と存在論の相関性

われわれは以上で、三つの経典がのべていることを見てきた。ここでは、これらの思想的な論理を追求してみよう。以上の内容から、つぎのように、まとめうるであろう。

㈠ 人の悩みはむさぼりによる。それは変わるべきものを変わってはならないとするむさぼりであり、相依相関であるべきものを、相依相関であってはならない、とするむさぼりである。

㈡ しかるに人も物も含めて、自然の存在の組み立ては、「これあるとき、かれあり、これ生ずるより、かれ生じ、これなきとき、かれなく、これ滅するより、かれ滅す」という相依相関性にある。このことはまた、時間的に変わることを意味している。

㈢　それゆえに、人が自然の道に同ずるとき、悩みもまたなくなる。

ここにわれわれは、道徳の説と、存在の組み立ての説との不可分を見い出しうる。そして今までしらべてきた第一の仏教では、道徳説と縁起説とが不可分の関係にあるのである。

仏教では道徳の論理と、自然存在の論理とは不可分である。しかし自然存在の論理が、そのまま道徳の論理とはいえない。

道徳の論理は自然存在の論理と、人間存在の論理とのあやなすところに、組み立てられるものではなかろうか。

## 死について

つぎに死に対する仏教の立場を見ておこう。

苦諦の中に四苦八苦を説くが、その中に死が含まれている。だれ一人として避けることのできないものが死である。一つの例外をも認めず、例外なき法則をただ守りつづけているもの、それが死である。

この厳然たる事実に対して、人の示す態度・解釈は、その哲学思想や、道徳思想の特徴を、決定するほどまでの、大きな問題を含んでいる。

## 死についての仏教の立場

『仏説婆羅門避死経《ぶっせつばらもんひしきょう》』(No. 131) は、バラモン教の不死の思想に対して、仏教の立場を文学的にのべている。

「昔四人のバラモンの仙人がいた。精進して、よく善法五通《つう》を修めていた。だが常に死を恐れていた。そしてかれらは、いったい、どこに住んでいたら、長く世にあることができるだろうか、と考えた。大神力五通を得ている第一のバラモンは、空中にはいっていった。空中ならば、死があるはずがないと。しかし空にはいったそのバラモンは、命が終わってしまった。第二のバラモンは大海の中にはいった。海中にはいれば、死があることがないと、かれは海にはいって命が終わってしまった。大威勢五通のある第三のバラモンは、死を畏《おそ》れて山腹にはいった。かれはそこで、命が終わった。第四のバラモンは死を畏《おそ》れて、地にはいった。あそこならば、死を脱するはずだと。地にはいって、命が終わってしまった。

そのときに、世尊《せそん》がこの一部始終を見て、詩の形でいった。

空中もだめである。海中もだめである。
山にはいるのも、石の間もだめである。
死を脱して、死を受けないところは、どこにもない。」

無常・無我の立場をとる仏教にとっては、当然であろう。

## 性愛の否定

今までに、道徳的性格・愛・死などをしらべてきたが、性愛に対する否定も、また見逃せない一つである。

戒律は多くあるけれども、その中で最も重要なものとして、四つをあげている。もし、これを犯《おか》せば、僧たるの資格を失い、僧団を去らなければならないものである。その四つとは四波羅夷《はらい》といって、殺生《せっしょう》・偸盗《ちゅうとう》・邪淫《じゃいん》・妄語《もうご》の四つである。

在家者に対してはまた別であるが、出家者に対しては、男女の性交を禁ずる経典・律典が一般的である。男女の性交を禁ずる理由は、出家者の場合は、出家して修道しようというのであるから、一面あたりまえのことである。だが他面では、肉体や肉欲を不浄と見ること、淫欲はただ人を悩ませ、苦しめるものだ、との見方が強く働いている。根本的には無常の人間的な解釈につながるのであろう。

## 『仏説摩鄧《まとう》女経』

この経（No. 551）には、かなり古いところの仏教の愛欲に対する見方がうかがえる。以下に訳してみよう。

つぎのようにわたしは聞いた。あるとき、仏が祇園《ぎおん》精舎にいたとき、アーナンダが鉢をもって乞食《こつじき》に出かけていった。食べ終わってから、アーナンダは水辺にしたがって歩いていた。すると一人の娘が、水辺で水をはこんでいるのに出逢った。アーナンダは娘にしたがっていって水を求めた。娘はすぐ水を与えたのである。

娘はそれから、アーナンダにしたがっていった。アーナンダの住んでいる所を見とどけてから、娘は家に帰った。そして地に臥《ふ》して泣くのだった。

驚いた母は娘にたずねた。

母「なんのために、悲しみ、泣くのです。」

娘「母よ、わたしが嫁《とつ》がんと欲する人を、他人に与えないで下さい。わたしは水辺で、一人の沙門が、わたしにしたがってきて、水を求めるのを見ました。わたしは名を問いました。アーナンダというのです。わたしはアーナンダを得て、嫁ぎたい。母が得られないものとは、わたしは嫁がないだろう。」（母は実は、魔法使いなのである。）

愛する男女像
（ガジュラーホのデヴィジャガダムバ寺にある10世紀ころの作）

**アーナンダを誘う**

母は出かけていって、アーナンダに問うた。母はアーナンダが仏に事《つか》える者であることを知って、帰ってきて娘にいった。

母「アーナンダは仏の道につかえるものである。あなたのために、夫となることを受け入れないだろう。」
娘は泣いて、飲食も語ることもしなかった。母はよく蠱《まどわ》す道を知っていた。母は出かけていって、アーナンダに食事をしにくるように請うてかれをつれて来た。娘は大変喜んだ。
そこで、母はアーナンダに語っていった。
母「わたしの娘はあなたの妻になることを欲している。」
アーナンダ「わたしは戒《かい》を持していて、妻を蓄えない。」
母「わたしの娘はあなたを得て、夫にしなければ、自殺してしまうだろう。」
アーナンダ「わたしの師、仏は女人とともに交わることを許さない。」
母は娘の部屋にはいっていって、娘に語った。
母「アーナンダはあなたのために、夫となることを受け入れない。仏道につかえるものは婦を蓄えることはできない、といっている。」
娘は泣いて母にいった。
娘「母には道があるはずです。」
母「天下の道で、よく仏道および阿羅漢《あらかん》道に過ぎるものはない。」
娘「ただわたしのために、門戸を閉ざして、かれが出られないようにして下さい。日が暮れれば、おのずからわたしのために夫となるだろう。」

母は門を閉ざして、蠱道《こどう》をもってアーナンダを縛った。夕方になると母は娘のために、「臥処《ふしど》」をつくった。娘はおおいに喜んで、自分もきれいに化粧をした。だがアーナンダは先に、寝床につこうとはしなかった。

母は中庭の地より、火を出して、アーナンダの衣を引っぱっていった。

母「あなたよ、わたしの娘のために夫とならなければ、わたしはあなたを、火の中に投げ入れよう。」

## アーナンダの救出

アーナンダは、もともと不完全な人間であった。そこで仏によって、沙門《しゃ》となったのであるが、今日はまた、この家に閉じ込められて、出られなくなってしまった。

仏はすぐ神通力をもって、心にアーナンダの現状を知り、救ったのである。

アーナンダは仏の所に帰ってきていった。

アーナンダ「わたしは昨日、乞食《こつじき》にいった。水辺で一人の娘を見たので、わたしはしたがっていって水を求めた。それからわたしは仏の所へ帰ってきた。翌日、摩鄧《まとう》という一人の女性がやってきて、食事にくるように請うた。行ってみると、娘を持っていて、わたしに与えて妻とすることを望んだのです。わたしは仏戒を保っているので、蓄妻はできないといってやった。」

## なお慕う娘

その後また、娘はアーナンダを見て、家に帰って啼哭《ていこく》した。

母「仏につかえる者には、わたしの道も勝つことはできない。わたしは前に、あなたに話したではないか。」

娘は泣きやまず、ずっとアーナンダを想っていた。娘は翌日、みずからいって、アーナンダをさがし求めた。アーナンダが乞食しているのをまた見た。アーナンダの背後からついていって、かれの足を見て、その目をかれの顔まで運んだ。

アーナンダは慚《は》じてこれを避けた。だが娘はまたついてきてやめなかった。アーナンダは仏の所へ急いで帰っていった。娘は門を守っていたが、アーナンダが出てこないので啼《な》いて去っていった。アーナンダは仏に告げた。

アーナンダ「摩鄧《まとう》の娘が今日もまた、わたしについてきた。」

仏はあとを追わせて、摩鄧の娘を呼んでこさせた。

## 仏と娘の対話

仏「あなたはアーナンダを追逐《ついちく》して、なにを索《もと》めるのか？」

娘「わたしはアーナンダには婦がないのを聞いた。わたしには、まだ夫がない。わたしはアーナンダのために、婦となることを欲する。」

仏「アーナンダは沙門で髪がない。あなたには髪がある。あなたはあなたの頭髪を剃《そ》ることができるであろうか？　もし頭髪が剃れるならば、わたしはアーナンダをあなたの夫としよう。」
娘「わたしは頭髪を剃ることができる。」
仏「帰ってあなたの母に知らせ、頭髪を剃ってきなさい。」

## 母の嘆き

娘はさっそく母の所へ帰って、母に告げた。
娘「母はわたしをアーナンダに嫁《とつ》がすことができなかった。だが仏は、頭髪を剃ってくれば、アーナンダをあなたのために、夫となそうといっている。」
母「子よ！　わたしはあなたを生んだ。そしてあなたの頭髪を護ってきた。あなたはなんのために、沙門の婦となるのを欲するのか？　国中には大富豪家がたくさんある。わたしは自分で、あなたを嫁がせて、これに与えることができるのです。」
娘「わたしは生涯、アーナンダのために、婦となろう。」
母「あなたはなんのために、わが種を辱《はずか》しめるのか。」
娘「母はわたしを愛している。わたしの心の喜ぶ所にしたがって下さい。」
母は泣く泣く、娘の頭髪に刀を下して剃った。娘はそれが終わると、仏の所へ帰っていったのである。

娘は再び仏に会っていった。

娘「わたしはすでに頭髪を剃ってきた。」

### 娘目覚める

仏「あなたはアーナンダのなにを愛しているのだ。」

娘「わたしはアーナンダの眼を愛す。アーナンダの鼻を愛す。アーナンダの口を愛す。アーナンダの耳を愛す。アーナンダの声を愛す。アーナンダの行歩を愛す。」

仏「眼の中にはただ涙がある。鼻中には洟《はな》がある。口中にはただ唾《つばき》がある。耳中にはただ垢《あか》がある。身中はただ屎尿臭処《ふんにょうしゅうしょ》で、不浄があるのみである。夫や妻のあるものには、すなわち悪露がある。悪露の中には、すなわち子がある。すでに子があれば、すなわち死亡がある。すでに死亡があれば、すなわち哭泣《こくきゅう》がある。この身においてなんの益があろうか。」

娘はすぐ、みずから、身中の悪露を思念して、みずから心を正して、阿羅漢道《あらかんどう》を得た。

仏は、すでに阿羅漢道を得たのを知って、すぐ娘に告げていった。

仏「あなたよ、起《た》ってアーナンダの所へ行きなさい。」

娘はそこで慚《は》じて頭をたれ、仏前に長脆《く》していった。

娘「実に愚痴《ぐち》のゆえに、アーナンダを逐うのみでした。今、わたしの心はすでに開けた。冥《めい》中に灯火があるようです。人が船に乗って、彼岸に渡るようなものです。あるいは盲人が助けを得たように、あるいは老人が杖を持して行くようなものである。今、仏がわたしに与えた道が、わたしの心を開かせた。」

このように聞くも哀れな結末になったが、せめてものなぐさめは、仏が「この娘は先の世で、五百世の間、アーナンダのために婦となった。五百世中、常にあい敬い、あい重んじ、相愛した。今、同じくわたしの経戒の中において、道を得た。今、夫妻あい見て、兄弟のようである」とのべたことであろう。

**生命を害する**

このように性交それ自身、性交を貪《むさ》ぼること、怒り、愚痴、愛欲などを悪いとするのである。だが、この悪いとは、どういう意味においてであろうか。

たしかに性交などの場合は、今まで見てきたように、不浄観もあるが、しかしまた個人的な領域においては、これらは道徳的に、あるいは対人的に悪いというのではなく、むしろ生理的に、つまり生命に悪いとするようである。

『仏説大安般守意経《ぶっせつたいあんはんしゅいきょう》』(No.602)では、性交を貪ぼること、怒り、愚痴を三毒としている。だがなぜ毒かというと、それらは身を安んぜず、死に追いやるからだとしている。

**坐禅の重視**

個人的領域における修行として、また、坐禅の実践を見逃すことはできない。坐禅に対する見方は、歴史的に変化がみられるから、一概に論ずることはできない。だが『仏説大安《ぶっせつたいあん》般守意経《はんしゅいきょう》』に代表される、この時代の禅は、意を制することを、その目的とする。そのために呼吸を数えることによって、精神を統一する方法などが用いられている。「人はよく意を制することができないので、数息（呼吸を数えること）せしめる。これによって、よく意を制することができる。」がその要点である。これによって、さらに真理を把握しようとするわけであるが、その内容は無我である。「空を知ることは、すなわち、有する所なきを知るのである。」とのべる。

しかしこの時代の禅が禅観を通して、真理に達する方法は、消極的で悲観的な臭いが強い。

## 無常の人間的解釈

本来、無常とか、無我が自然存在のあり方を説明している限りにおいては、感情的な衣装をこうむらない。だが、それらで、自然存在の一つである人間の人生を説明する段になると、説明する人によって、感情的な衣装を異にしてくる。

無常はすべてのものが変わることを意味するから、自然物の現状維持を否定する。人も一面では自然物の一つであるから、現状維持を否定される。この事実が、人生を説明するとき変わるのだからこそ、現状は打開されてよくなるのだ、とするのを一方の極とし、変わるのだからこそ、すべてはむなしい、とするのを他方の極として、その間に度合いの違ったいろいろな型を生み出すのである。

部派仏教時代の禅観では、一般に、後者の見方が多い。

「肥《こ》えたものを見れば、まさに死人の脹《ふく》れた状態を念《おも》う。白きものを見れば、まさに死人の骨を念う。眉《まゆ》の黒いのを見れば、まさに死人の黒さを念う。朱《あか》い脣をみれば、血のまさに赤いのを念う、」という。

また『禅行法想経《ぜんぎょうほうそうきょう》』（No.605）においても、諸行無常の認識を得るのに、「身が死んで虫のために食われる」

ことを念い、「髪が落ちて肉が尽きてしまう」ことを念い、「骨節が分散してしまう」ことなどを念う。総じていえば、「身あればみな死す」ことを念い、「精進して禅を行なう」となしている。

『道地経《どうちきょう》』(No.607)においても、同じ主旨である。おもに、禅観によって死相や、死なんとするときや、病気のありさまなどおよそ人生で苦悩と思われるものを選んで観察している。そしてこれを人の一生に押し広げている。つまり、人が母の腹中にあるときから、生まれて死ぬまでのありさまを、苦悩の面にのみ、目をくばって、具体的にのべている。

## 社会的領域の思想

### 平等を第一とする

釈迦がインド社会の伝統的なカーストである四姓制度の廃止を叫んだことは、よく知られている事実である。しかしかれの努力にもかかわらず、これの真の実現は、一九五〇年のインド共和国成立までの長い時間を要した。

だがこの思想は綿々と絶えることなく、二千数百年の後、ついに華《はな》を咲かせ、実を結ばせたのである。釈迦は平等をもって社会の道とし、これを情熱をもって説き、かつ実践したのである。

平等こそが第一の仏教の、社会的領域における根本的な考え方である。釈迦は、人間社会においては四姓の廃止と、男女の平等を説いた。

今、人間社会においてはと、特にことわったのは、実は仏教における平等は単に人間同士だけに止まらないことを意味しているからである。それはすべての有情（苦悩を感ずるもの）にまで、わたっている。

この平等の思想は、道徳的な態度とあいおぎなって、平等実現のための実践を生むのである。

## 慈悲の精神

『仏説阿含正行経《ぶっせつあごんしょうぎょうきょう》』（No.151）は、平等や道徳的立場から正しい行ないを説いている。

「殺すなかれ、盗むなかれ、両舌するなかれ、婬嫉《いんしつ》するなかれ」と説く。

平等の立場からは特に「殺すなかれ」が重要である。これは意識的に殺すことはもちろんであるが、さらに、無意識にしろ、殺してはならない、というところまで高められている。つまり、地に這《は》うアリ一匹すら、間違って、殺すことがないように、とする立場である。

「道を行くときは、常に頭をたれて地を視《み》るべきである。虫が踏《ふ》み殺されることがないように。」

この殺すなかれを、肯定の文でいえば、「常に十方の天・人・餓鬼《がき》・畜生・蜎飛蠕動《えんびぜんどう》の類を慈哀し、すべてを富貴安穏《あんのん》ならしめ、涅槃《ねはん》の道に渡す。地の虫を見ては、慈心をもって、これを哀れむべきである、」となる。

これは慈悲の芽ばえである。

また自分で殺すのはもちろんいけないが、「他人に殺させるのは、自分で殺すよりもなお悪い、」とする。

「それは奴婢《ぬひ》たちが、自分では殺す意志がないのに、そうさせられることであり、あるいは、王者縣官《おうじゃけんかん》などの力によって、殺すことを逼促《ひっそく》されるからである、」と。

## ヒューマニズムを越える

われわれは仏教の平等が、中国古来のそれや、西洋文化のもとにおけるそれとは、比較にならないほどの徹底さをもっていることを見い出しうる。だがこのことは、仏教の平等がなにかきれいごとをのべた、無責任な発言であるとは決してみなすことはできない。たしかに中国思想・西洋思想は人間中心である。人間以外のその他いっさいのものは、人間が生活するための資料であることの位置しか与えられていない。

それに反して、仏教思想の場合は、人間も含めた有情全体の幸福を問題にしている。しかし、平等を有情全体にまで広げるにいたった由来は、外に向かっての安っぽい慈善事業からではなく、内に向かっての人間存在の探究・人間存在の反省からである。そして、その人間存在の探究の結果、人間存在の反省の結果を他の人に、他の有情に押し広げたまでなのである。その人間存在の探究から得られた結果というのは行なうことはむずかしいが、いうことはいとも簡単なものである。

不殺生のよりどころは「己《おのれ》の行なわない所は人にも施さない」とか、「己の欲しない所は、人にも施さない」とかいう命題を生んだ、人間存在の探究からきている。

つまり、自分の欲しないことは、他人にも施さないということである。

「みずから身を観じ、他人の身を観じ、みずから痛痒《つうよう》を観じ、他人の痛痒を観じ、みずから意を観じ、他人の意を観じ、みずから法を観じ、他人の法を観ずる」ことである。

ここにおいて、われわれは自然存在の論理からだけでは、導かれてこない平等の思想を得たのである。この平等思想は、一面自然存在ではあるが、他面、それに加えるに情意的な存在である人間存在の探究から導かれてきていることを知る。

しかし平等の思想が無我の思想から、全く自由であるとはいえない。否、われわれは多くのヒントを得ていることも指摘できる。その重要な点は無我が相依相関を説くからである。

このようなことから、平等の思想も自然存在の論理と、人間存在の論理のあやなすものであることを知る。

## 肉食の禁止

さて仏教の平等思想の特徴が有情までを含めたものであるとすると、当然、ここに肉食を禁ずるという、また仏教特有の実践が派生してくる。この問題をつぎに考えてみよう。

なお現在のインドにおいてはヒンズー教が、最も主要な宗教である。そしてヒンズー教においても肉食禁止の傾向は強い。だがこの由来は仏教思想の影響によるのである。

肉食を禁ずることは、先にあげた「みずから痛痒を観じ、他人の痛痒を観ずる」という、人間の存在の探究から出てきている。したがって、それは法律的な他律的禁止ではなく、みずからの心から、わき出た自律的な道徳的な禁止である。

そこで、動物同士が互いに害し合うのは、どうにもしかたがないが、少なくとも、人間が人間を始めとして、他の動物を害したり、食用に供したりはしようとしないのである。

このことは農業依存による社会建設を意味してくるが、ただ牛乳だけは許されていた。

このことに関しては、牛乳を牛からしぼることは、牛を害することとは思っていなかったようである。かれらの意見はこうである。人が牛から乳をとるのは、蜂《はち》が花から蜜《みつ》をとって、互いに少しも、害し合わないようなものだと。この程度のことなら是認されてよかろう。

それ以外のことは、たとえ、虫一匹殺すことでも是としないところを見れば、平等思想を徹底させた、文化的意欲の高いものといえる。

**肉食禁止に対する反対意見**

しかし、これに対しては反対意見も当然ある。反対意見は肉食者からなされる。肉食をやめたとしても、われわれはやはり、植物に依存しなければならない。動物だって、植物だってやはり生きものではないか。生きものである動物をすべて食べていけないというのなら、同じ生きものである植物だけは食べてよいというのは、片手落ちで、不合理ではないかと反問する。

この反問に対する答えはこうである。たしかに、動物も植物も生きものには違いない。だが動物は苦悩を感ずるものであり、植物は無意識に生長するものである。

したがって、動物に対しては、苦しめ、悩ますことができる。だが植物に対してはできないのである。それゆえに、植物を食べたからといって苦悩を植物に与えたとは考えられない。

そして逆に、動物も植物も、生きものである、という拡大解釈をもって、動物を食べることを、正当化しようとする態度を、健全な良心を示すものではないという。

そこで有情という言葉が生きてくるのであって、あくまで苦悩を感ずるものがその対象である。だから、生物学上の分類で、アメーバやゾウリムシが植物にはいるか、動物にはいるかということは大きな問題ではなく、ただ、有情という段階においてそれが問題となる。

肉食を正当化するための反問は、まだいろいろな形でなされえよう。だが、実は、これらの一つ一つの議論はそれほど重要ではない。むしろ根本構想の違いを見究めることの方が、重要であり、かつこれらの問題を解決する。

### 根本構想を見究《きわ》める

つまり、ヒューマニズムに立っての構想なのか、それをも越えんとする構想なのか、ということである。

根本構想の違いは、終局的にはどちらがよいとか、悪いとか、いいうる性格のものではなく、多くの人びとがしたがってきた構想によって、歴史は動いてきた。

しかし、個人的には、多くの根本構想に対して好き嫌いがあり、価値の上下がある。ここにまた、さまざまな意欲が働いてやはり歴史に参画してゆく。

とにかく、仏教の根本構想は、人間どうしはもちろんのこと、苦悩を感ずるすべての動物をも害さない社会をつくることである。ここにおいて、人間中心の立場に立つか、それをも越える立場をとるかによって、つまり、平等の範囲を人類のみにかぎるか、苦悩を感ずるすべてのものにまでするかによって、質的な差異がでてくる。

つまり、平等の量的な変化は、また質の変化をもたらすのである。人間中心の立場に立てば、牛馬の多い牧場や、丸くふとった豚の群は、美しく喜ばしきものとして映《うつ》る。だが有情の幸福を願う立場からは、同じ光景が苦痛にいたましく映る。

## 国家の形態について

今までに、社会的な領域における、一般的な原則をしらべてきた。つぎに、社会形態の一つである、国家や、家族について少々しらべてみよう。

まず国家論に対しては、この時期の仏典においては、ほとんど見ることができない。一般に、この段階においては、出家者としての仏教が主であったとみえ、国家についての関心を示していない。したがって、後に出てくるような転輪聖王《てんりんじょうおう》の思想も、ここにはでていない。

ただ釈迦は国家の形態としては、ヴァッジ族の共和制をよしとしたといわれる。[1)]

第一の仏教が、平等を根本とし、四姓制度を真向《まっこう》から反対したことを見れば、共和制の推薦は十分にうなずける。

**日常の倫理**

家族倫理をはじめとした、日常の倫理に関しては、『仏説《ぶっせつ》尸《し》迦羅《から》越《おつ》六方礼経《ろっぽうらいきょう》』（No.16）と『仏説《ぶっせつ》父母《ふぼ》恩難報経《おんなんぽうぎょう》』（No.684）によって、かなりよく知られる。

『仏説尸迦羅越六方礼経』は、子対父母・弟子対師・妻対夫・朋友対朋友・大夫対奴客奴婢・沙門対民の関係をのべたものである。だが、紀元数百年前という時代を考えるとき、かなり平等的色彩の強いものである。

ではつぎに具体的な内容をみてみよう。

**子対父母の関係**

以下、それぞれの側から相手になすべきことを五つずつあげている。まず子が父母になすべきことは、つぎの五つである。

一、父母が安らかに生活できるように念ずる。

二、早く起きて、奴婢に命じて、食事の支度をさせる。

1) 中村　元　インド思想史　六三ページ
またヴァッジ族の人びとはしばしば会合し、決議し、事を処理していたということが、『涅槃《ねはん》経』に伝えられている。

三、父母の憂いをまさない。
四、父母の恩を念う。
五、父母に疾病があれば、まさに恐れて、医師を求め、これを治療《ちりょう》する。

父母が子に対してなすべきことは、つぎの五つである。
一、子が悪を去《さ》り、善に就《つ》くように念う。
二、算数や習字などの勉強を教える。
三、経戒を保《たも》たせる。
四、早く子のために、結婚させる。
五、家の中にあるものは、これを与える。

弟子が師に対して、なすべきことの五つ。

### 弟子対師の関係

一、師を敬《うや》まう。
二、その恩を念う。
三、教えてくれたことは、それにしたがう。
四、思念して厭《いと》わない。

五、したがったのちに、これを称誉する。

師が弟子に教える場合に、また五つのことがある。

一、早くわからせる。
二、まさに他人の弟子に勝《まさ》るようにする。
三、弟子が知ったのち、忘れさせないようにする。
四、もろもろの疑問の点を、ことごとく弟子のために解説する。
五、弟子の智恵を師に勝《まさ》らせようと願う。

**妻対夫の関係**

妻《つま》が夫につかえるべき五つのこと。

一、夫が外から帰ってきたときは、起きて、これを迎える。
二、夫が外出して、不在のときは、食事の用意をし、掃除をして、これを待つ。
三、外の男に婬心をいだいてはいけない。夫がののしっても、ののしり返したり、色をかえたりしてはいけない。
四、夫の教誡《きょうかい》を守って、あらゆる什物《じゅうぶつ》を蔵匿《ぞうとく》してはいけない。
五、夫が休息しているときは、蒲団《ふとん》をかけ、ねかせる。

夫が妻になすべき五つのこと。
一、出入には、妻を敬う。
二、十分に飯食させ、ときおり着物を与える。
三、金・銀・珠を給与する。
四、家中にあるいっさいのものを、妻にまかせる。
五、外に、よこしまに、女をたくわえてはいけない。

**朋友対朋友**

朋友・親属の守るべき五つのこと。
一、朋友・親属が罪悪をなしているのをみたならば、ひそかに、屏処《へいしょ》につれてゆき、これをいさめ、忠告し、やめさせる。
二、朋友・親属に急があれば、まさに奔趣《ほんしゅ》して救護する。
三、私語があれば、他人にそのことを話さない。
四、互いに敬まうべきである。
五、好物はすべて、多少にかかわらず分与する。

これは家庭的な意味での、使用者対使用人の関係と考えてよい。まず、使用者が使用人に対しての五つのこと。

一、時に応じて、飯食せしめ、衣服を与える。
二、病気があれば、かれのために医者を呼んで治療してもらう。
三、みだりに、これを打ってはならない。
四、かれの私有物は、これを奪ってはいけない。
五、分け与えるものは、すべて平等にする。

使用人が使用者に対して、つかえることがまた五つある。

一、まさに早く起きて、大夫《たいふ》に起こされるようなことはないように。
二、まさになすべきことは、みずから心を用いてこれをする。
三、大夫の物は愛惜して、物乞いする人に、かってに与えてはいけない。
四、大夫の出入の際には、これを送迎する。
五、大夫の善を称誉して、その悪を説いてはいけない。

### 大夫対奴客奴婢の関係

## 沙門対民の関係

これは仏教の出家者と民との関係をはじめとして、一般に宗教者と民との関係を示している。

まず、民が沙門につかえるべき、五つのこと。

一、善心をもって、これに向かう。
二、よい言葉を選んで、これと、ともに語る。
三、身をもって、これを敬う。
四、これを恋慕する。
五、沙門は人中の雄である。まさに恭敬承事《きょうけいしょうじ》して、解脱のことを問うべきである。

沙門が民に対する六つのこと。

一、民に教えて、布施させる。また自分自身は、ものおしみせず、むさぼらない。
二、これに教えて、戒を持たせる。みずからは色欲を犯さない。
三、これに忍辱《にんじょく》を教えて、みずからは恚怒《いぬ》しない。
四、これに精進を教えて、みずからはおこたらない。
五、人を一心にさせ、みずからは放意することをしない。
六、人を智恵あらしめ、みずからは愚痴にならないようにする。また沙門は、人をして悪を去り、善をなすようにさせる。そして正道を開示する。

『仏説父母恩難報経《ぶっせつふぼおんなんぼうぎょう》』は父母の恩の偉大なることと、それに報いるための、子の孝が説かれている。

## 孝について

この経の内容は、父母は子にとっては、おおいに大切なものであること、また面倒《めんどう》を見てくれても、少しも怨心がないこと、をのべている。

このように、まず父母の恩を説き、つぎに子の父母に対する報恩をとくのである。その内容は、一口でいえば、仏教に帰依《きえ》させることである。

「もし父母が信がなければ、教えて信じさせる」ことであり、「戒がなければ、戒を与えて教授する」ことであり、「聞かなければ、聞かせて教授する」ことであり、「慳貪《けんどん》なれば、教えて好んで施させる」ことであり、「智恵がなければ、教えて黠恵《かつえ》ならしめる」ことなどである。

このようにみてくると、孝といっても、その内容は、いわゆる中国的な孝や、あるいは日本的な孝とはだいぶ違うわけである。

## 第一の仏教の一般的性格

### 第一の仏教の整理

以上、第一の仏教について、根本思想・個人的領域の思想・社会的領域の思想と、大きく三項目に分けて、その内容をしらべてきた。ここでは、もう一度振り返り、それらを貫いている性格を整理してこの項目を、終わろうと思う。すべてにわたって、無我・無常が思想の根本をなしている。

### 消極的性格

消極的な性格がたしかに、目につく。だがこれは単なる消極ではない。なにものにも頼らない、独立・自由を内に秘めている。このことは無常と関係があろう。頼ることが土台無理であることを知っての上でのことであり、その意味では実は積極的な不動の心情をにじみ出している。しかし性交そのものを是としないことは、やがて人類そのものの滅亡をもたらすことになるから消極的すぎよう。

## 国家について

国家に関する説は、ほとんどみられなかった。これは、さきの項目と無関係ではないが、社会的な生活を無視するものではない。強大な権力をもって、のぞみつつあった、当時の大国家形成期の国家に対し、社会的な善をなすものとしての期待は、かけていなかったようである。

むしろ、無政府的な自然の社会を望んでいる。やむを得なければ、共和制を支持している。だが、社会そのものに関しては、関心をもっている。そのことは、平等を唱え、四姓制度の廃止をいち早く唱えていることからもうかがえる。また、それが不殺生、肉食をしない、という広範な平等であることもすでにみてきた。

## 道徳論と自然存在の論との相関性

道徳論と自然存在の論との間には、なんらかの相関性があるように思われる。

無常無我の立場から、決して来世《らいせ》思想は生まれてきていないのである。また相依相関を説く、無我の立場と平等とは決して、無関係とは思われない。

このように、道徳論と、自然存在の構造をいかにみるかという、自然存在の論との間には相関関係があると思われる。

だが自然存在の論から、ただちに道徳論が導かれるのではない。自然存在の一つではあるが、自然物＋α《アルファー》としての人間存在に対する考究が自然存在の論に肉づけをして、道徳論を形づくっていると思われる。

このように見てみると、第一の仏教の道徳説は、無常無我を骨とし、己の欲せざることは他にも施さない、という平等をもって肉づけした道徳説である。

### インド思想史における特徴

最後に、インド思想史に位置づけて、その特徴を、しらべてみよう。古来からのインドの思想は、『リグ＝ヴェーダ』をはじめとして、『ヴェーダ』を、聖典とするバラモン教によって、代表されてきた。その説くところは、再生を説く有説である。有説《うせつ》とは、なんらかの意味で実体を立てる立場であって、「常一主宰の我あり、[1]」とするものである。しかるに、仏教の説いたところは、無説であって無我・無常を説くものである。そして、「常一主宰《しゅさい》の我なし、」をもって根本とした。

これはインド思想史上、画期的なことであって仏教と他の思想とを区分する重要な特徴である。

1) 我とはなんらかの意味における実体と考えてよい。常一主宰の我とは、永遠に変わらない（＝常）、ある一つのものに（＝一）、によってすべつかさどられている（＝主宰）実体（＝我）の意である。

# 第二の仏教

## 根本思想

つぎに第二の仏教の根本構想をしらべてみよう。

### 輪廻

第二の仏教の特徴的な根本的な思想は、輪《りん》廻《ね》観《かん》が基盤にあること、超人的な要素や迷信的な要素が強いことである。

個人的領域の性格としては、自己の幸福の追求が目だつ。社会的な領域の性格としても、みずから善をなし、他人に善をなすのも、来世の幸福を願うがごとき、個人的幸福追求のための、手段としての意味しかない場合が多い。

それでは、その特徴を経典にあたりながら具体的にみてゆこう。

---

**輪《りん》廻《ね》観**

輪廻はサンスクリット語のサンサーラ(saṃsāra)の訳語である。サンサーラという語は元来「流れること」の意味であった。だがインド思想においては、この語は意味がやや発展し重要な概念となっている。

ここでは、衆生が過去・現在・未来と形を変えながら、永遠に生死を繰り返してゆくことの意味になっているのである。このような衆生の生・死に対する見方が輪廻観といわれるのである。輪廻観は古代インドにおいては一般的に信じられていた考え方である。そして哲学・宗教の目的はこのような輪廻から逃れることにあったのである。

われわれ日本人にとっては、輪廻思想は仏教伝来にともなってやってきた。したがって仏教といえば輪廻思想、輪廻思想といえば仏教と考えがちである。だが釈迦自身は輪廻思想を説いたとは考え難い。それは、われわれがすでにみてきたように、最古層と思われ

## 個人的領域の思想

『仏説《ぶっせつ》阿《あ》難《なん》同学《どうがく》経《きょう》』（No. 149）は第二の仏教の立場を、よく表わしている。この経には三つの特徴が見られる。

### 三つの特徴

一、仏の超人的能力を強調すること。
二、世俗的な輪廻《りんね》観《かん》に立っていること。
三、涅槃《ねはん》を、ジャイナ教徒がよくしたように、身を捨てたところに求めていることである。

経典の中には本生譚《ほんじょうたん》（仏の前世の話）を扱ったものがかなりある。本生譚は非常に文学的なものではあるが、それが思想的に成り立つためには、どうしても輪廻の概念なくしてはできないのである。つまり、過去、現在、未来を通して、なにかあるものが、変わらずに連続していなければ、それは本生譚の意味をもたなくなる。

例をあげれば、そのことはすぐ納得《なっとく》できるであろう。

る仏典にはこの思想はほとんどでてきていないからである。仏教史において輪廻思想が積極的にでてきたのは、おそらく部派仏教以後のことと思われる。それは、これ以後になると、五道輪廻から六道輪廻へ、といった発展の足跡が見られるからである（六道輪廻については一三〇ページ参照）。このような変化を、インド仏教史の点からみるならば、インド伝統思想の仏教的復活・融合・完成といったことになると考えられる。

## 釈迦の本生譚

『仏説太子慕魄経《ぶっせつたいしぼはくぎょう》』（No. 167）は釈迦の本生譚である。そのあら筋をのべると、つぎのようである。

釈迦は昔、波羅那《はらな》国の太子として生まれ、名を慕魄《ぼはく》といった。生まれつき比類なき端正な顔貌《がんぼう》をしていた。だが、太子は年はもう一三にもなるのに、一言《ひとこと》も口をきかなかった。父王も母も、大変、このことをうれえていたのである。思案の末、バラモンたちを呼んで意見を聞くことにしたのである。

## バラモンたちの意見

バラモンたちはやってきて、太子を見ていった。端正な顔貌をしてはいるが、この子は悪人である。やがて、父母を害し、国を危うくし、家系を滅するだろう、と。そしてあるものは、深山、人なきところに捨てよ、といった。また、あるものは、深水の中に投げ込めといい、またあるものは、深い坑《あな》を掘り、資糧を与えて、その中で生かしておいてやれといった。

## 坑うめにすることに決定

父王や、母の心の傷は、言を絶するものがあった。だが坑うめにすることにして、太子を車にのせ、五人の僕《しもべ》をつかせて、ゆかせた。ゆくときにあたって、母は太子のあらゆる衣服と、瓔珞《ようらく》・珠宝を持たせた。だが外に出てから五人の侍者に、みんなそれらのものを取られてしまった。

五人の侍者たちは、かなり行ってから、宝物を横において坑を掘りはじめた。

一方太子は、心の中でひとり言《ごと》をいっていた。みんなは自分をつんぼで、馬鹿で、おしで、語ることができないと思っている。しかし自分が語らないわけは、世の中の縁を捨て、身を安んじ、悩みを避け、心を正し、苦を離れようとすることのためである。だが、いま坑うめなどになってもしようがない、と思って、衣服や宝物をもって川に水浴にいってしまった。

そのことを、五人の坑を掘っている侍者は気がつかなかった。

**太子口をきく**

水浴し終わった太子は、衣服・宝物を身につけた。それから、またもどってきて、五人の侍者に、なにをしているのだとたずねた。

侍者たちは、太子が一三歳にもなっているのに、一言も口をきかないことから始めて、ついに坑うめにするにいたったまでの、一部始終を語った。

そのとき、太子は、わたしがその太子であると語った。侍者たちは非常に驚いた。つぎの瞬間、太子をおいて、車に走り寄り、車上に太子のいないのをみて、また、太子のもとにもどってきた。そして、まじまじと太子を眺め、その語るのを聞いて太子の前にひれ伏した。

**城に急報する**

一人の侍者がすぐこのことを城に知らせにいった。父王と母と、また臣下たちも喜んでやってきた。

仏陀像
（マトゥラー出土で5世紀ころのもの）

だが太子はかれらが到着する前に、自分の心で決めていた。道を学ぶのみと。国王や母や大臣たちがやってきて、みんな大変喜んで、太子にいった。以後はあなたに国の政治をやってもらいたい。そして自分たちはしりぞきたい、と。

**太子の前世話《ぜんせばなし》**　すると太子は、それはだめだ、といって、つぎのような話をするのだった。

「わたしは太子として生まれてくる前は、地獄《じごく》にいたのです。そこで、わたしは耐えがたい、あらゆる苦しみをつんできた。なぜわたしが地獄に堕《お》ちたかというと、こうなのです。わたしは地獄に堕《お》ちる前は、大国の国王でした。そのときの王の性質は慈仁があり、その徳は至淳《しじゅん》であった。そして法令はきびしくなかった。

だが、このような平和的な政治を、まわりの小国が軽んじて連合して攻めてきた。しかし、王は血を流す戦いの無道を嫌って、珍奇財宝などを集め、これらを与えて小国の連合を返させた。

だが、小国たちは、自分たちの行為を恥ずるどころか、ますます図にのって連合して攻めてくること、一度・二度ではなかった。そのたびに、王は珍奇財宝を与えたのである。大国の将たちは、このはがゆいありさまを見て、しきりに小国連合と戦うことを王にすすめた。だが、王が動かないのを知って、ひそかに兵を集めて小国になだれ込み、大逆殺を行なった。このために、小国はみな大国に降伏したのである。しかし国王は、自分はまったく知らないことではあったが、この罪のために地獄に堕ちて苦しみをなめたのである。」

**国王出家を許す**

太子はこのように、自分の前世《ぜんせ》を国王に語って、「わたしが語らなかったわけは、過去のことを想い出して、またあのような目に会いたくなかったから、十三年間も語らなかったのです。」とのべた。

そこで王は、「あなたが前世に王のとき、もろもろの善を奉行《ほうこう》しながらも、ほんのわずかの小失、それも自分自身は知らなかった小失のために、地獄に堕ちたことを知った今となっては、あなたの道を学ぶことを妨げるようなことはもはやできない。」といって、それを許したのである。

そこで太子は、国を棄て、王を捐《す》て、人や物を慕わず、一心に道を学び、ついに成仏《じょうぶつ》したのである。

以上見てきたように、この経から、われわれは二つの特徴を見い出しうる。一は輪廻思想であり、二は今までの内容からもうかがえるように、仏に対する神格化・理想化の傾向が芽ばえていることである。

ラモン教ではだめだとさえなってくる。

『犍陀国王経《けんだこくおうぎょう》』(No. 506)になると、仏教に依《よ》ることこそが、天上に生まれられるとし、バ

## 天上に生まれる

この経の骨子は、仏教がバラモン教よりすぐれていることを、のべようとするところにある。すぐれている点として、仏教の方がバラモン教よりも寛大である点、死して天上に昇《のぼ》ることなのである。天に昇るとのバラモン教的要素が、ここでは逆に仏教の側で強調されている。寛大の点はともかくとして、昇天の点は明らかにバラモン教的な思想である。

つぎに、この経のあら筋を紹介してみよう。

## バラモンの果樹園

犍陀《けんだ》という国王がいて、バラモンを奉じていた。そのバラモンは多くの果樹を持っていた。あるとき、樵《きこり》にその果樹を切られてしまった。

バラモンはそれを見て、そのことを王にいいつけ、これを殺すことを要求した。王はバラモンを敬《うや》まっていたのでその通りにしたのである。

そのことがあってから、しばらくした後、今度は、牛が稲を食べたという事件が起こった。稲の主は牛を追い、その一角を折ってしまった。血は顔を流れ、牛は痛みを忍ぶことができなかった。牛は王のところにゆき、稲を少し食べたら、角を折られたことをのべた。

王は鳥獣の語に通じていた。そこで牛に、それではあなたのために、その人を殺してやろう、といった。

牛は「すぐ報じて今この人を殺したとしても、自分を痛くないようにすることはできない。今後、このようなことがないように、約束してくれればよい、」といった。

王は感心して、自分はバラモンにつかえていたが、わたしをして人を殺させるようではこの牛にもおよばないと思った。

## バラモンの説

そこで、王はバラモンを呼んで質問した。「バラモンの道につかえると、なんの福があるのか、」と。

バラモンは答えた。「災をのぞき、福をもたらし、富み、身分は高く、命は長い、」と。

王はまた質問した。「生死を免れることができるのか、できないのか。」

バラモンは答えた。「生死を免れることはできない。」

そこで王は独り念じて、仏の所にゆくことにした。

## 仏の説

王は仏のところにいたり、仏より五戒・十善をまず受けた。それから王は仏にいった。「今、尊い法戒を受けたが、なんの福をうるのであろうか、」と。

仏は答えた。「布施・持戒は現世で福をうる。忍辱・精神・一心の智恵は、その徳無量であり、後には天上に上る。また王となることができ、無為にして世の道を度することができる、」と。

ここまでがこの経での重要なところであるが、このあとに、アーナンダが仏に、この王と牛とは、もとどういう関係があったのかと質問している。

仏は、牛と王とが、昔兄弟であって、在家《ざいけ》の信者であったと、本縁譚を明かすのである。一日一夜のものいみのとき、王はよく法を守り、怠らなかった。そこで後に、寿終わってから天上に昇り、寿尽きて下って国王となった。

牛の方は、ものいみを犯して、夜食をしたので、後にその罪をうけて牛となったのである。だが、百世なお宿縁があったので、王意を聞くことができた、という本縁譚である。

## 仏教より前の思想の仏教への影響

ここで注意しなければならないのは、福に対するバラモンと仏の答えである。バラモンの方がどちらかというと、本来の仏教的であり、仏の方が、どちらかというと、バラモン教的思想であることである。

つまり、この世での福は、両者とも大差ないが、来世に対して、バラモンは生死を免れることができないと答えている。ところが、仏の方は、のちに天上に昇ることができるとしているのである。

これは明らかに思想の転倒であり、仏教が、仏教より前の思想に逆もどりしている形である。

そういう意味でこの経は、仏教を発展させたものではなく、それより前の思想に逆もどりしたものといえる。その根因は、この経の中心が福の追求という点にあったことと関係がありそうである。それは幸福の追求において、この世の富貴・長寿・死にたくない・死んでもまた天に生ずるのだ、というような人間の原始的な欲望を満足させてくれるものであれば、それが仏教であろうが、バラモン教であろうがかまわないのである。

## 仏典を読むときにおける注意

われわれはこのような経に、しばしばぶつかるのである。そこでわれわれは、仏教思想の理解のために、仏教的な本来のものや、その上に立って発展したものや、仏説とは冠せられてはいるが、その内容において仏教より前のものへの逆もどりや、あるいは、単なる名前の交替（梵天《ぼんてん》が阿弥陀《あみだ》となるようなもの）であるようなものを、分別することが重要であることを、ますます感ずる。

ここに大きくいって、仏教の二つの道が生ずるのである。そして、この仏教の二つの道を見究めてゆくことは、今後、仏教が現代の世界思想の中で耐えうるか、現代社会になにを貢献しうるのか、またどの点を発展させるべきかの、基礎的条件を明らかにし、用意することになると思う。

仏教という豊かな資料を残しながら、その内容においては、多岐多様である仏教資料を内容的に整理し、理解してゆくことは、何十世代にもわたって残され、蓄積されて来た人間の智恵をうけつぎ、つぎの一物を加える基礎作業となるであろう。

## 輪廻思想

われわれは今までの、二つの説話を通して、そこに共通して流れているものが、輪廻思想であることを見い出しえた。そして輪廻思想のもとにおいては、過去・現在・未来と三世にわたって継続する、なんらかの実体が考えられなければならない。

そしてこれは、第一の仏教でみてきた、実体をたてないところの無我の思想とは、明らかに別のものと見なければならない。

ここに無常・無我を中心とする系譜の仏教とは違った、もう一つの、輪廻を中心とした仏教の系譜をみることができるのである。

輪廻説も最初は、死後に天に昇《のぼ》るか、地獄に堕《お》ちるか、という二支しかない簡単なものであった。それがやがて、五道輪廻として、また六道輪廻として完成してゆくのである。

ところで、輪廻説の起源は、アーリア人がインド大陸に侵入してくる以前から、インド大陸に住んでいた、先住民のドラビダ人あたりに、求められるものではないかと思われる。いずれにしても、釈迦の在世のころには、この思想が、広くインド人一般にゆきわたっていたのである。そして、無限にくり返すこの輪廻から、いかにしたら、人は逃がれることができるか、という問題が哲学・宗教の重要な問題であったのである。

## 輪廻説に立つ道徳的実践

それでは、このような立場からの道徳的実践はどのような意味をもつのであろうか。以下これらについてしらべてみよう。

『仏説《ぶっせつ》分別《ふんべつ》善悪《ぜんあく》所起経《しょきぎょう》』（No. 729）は題名からもうかがえるように、善悪のおこってくる由来をのべたものである。その由来は、個人的な実践のよし・あしによるとする。そして、その行ないによってそれ相応の報いを受けることをのべている。その上で、すすめるべき道徳的行為を並べているが、それは第一の仏教でみたのと大差はない。

その具体例をあげてみよう。

一、慎《つつし》んで、みだりに人のかげ口をしてはならない。
二、慎んで、酒を飲んではいけない。
三、慎んで、人に悪を加えてはいけない。
四、慎んで、人をあなどってはいけない。
五、慎んで、殺してはならない。
六、慎んで、他人の財物をとってはいけない。
七、慎んで、他人の婦女を犯してはいけない。
八、悪口を慎しむべきである。
九、慎んで、いかってはならない。

アジャンター第19窟前面
（アジャンターの石窟は仏教美術の宝庫といわれる）

十、孝順にして、長老には敬い、つかえるべきである。

このように、第一の仏教と同じく格調の高い内容を示している。だが、なにゆえにそうすべきであるか、という段階にはいると、その説明は第一の仏教の場合とは違ってきているのである。

## 因果応報

そのことは、このような行ないをするか、しないかによって、それぞれの報いがある、とするところからわかる。

たとえば、三の「慎んで、悪を人に加えない」場合にはどうなるかというと、「これによって、五つの善をうる。五つとはなんであるか。一は身体の強健をうる、二は臥起《がき》常に安穏である。三はもろもろの天・龍・鬼神が、その人を護視するようになる。四は天に上ることを得る。天上の楽はきわまりないのである。五は天上より下《お》りてきて、世間に生まれ、身体は完具して、疾病がない、」といったぐあいである。因果関係を日常の経験にもとづいてのべているものもある。だがこの経全体の主旨としては、現世の幸福、来世の昇天が中心をなしているのである。そして昇天すれば、理想的女性、つまり、「天上の王女が婦となる」というがごとき、地上的な幸福を来世にまで延長させてさえいる。

このように、輪廻思想が道徳論と結びつくと、そこには、因果応報・善因善果・悪因悪果の思想を形成してゆく。

### 人間社会の差別

この立場からみた場合、人間社会に差別が存在することの説明は重要である。つまり、われわれのこの世界に差別があるのを、つぎのように説明する。

「位の高いことや、低いことや、背の高いことや、低いことや、福徳が多いことや、少ないことなどは、みな先世の用心が等しくないことによっているのである。このために、受けているところのものが各人異なっており、このようにさまざまなのである、」と。

ここには、個人の幸福・不幸に対する社会的見方の欠如があらわれている。この問題は、しばらくおくとするも、輪廻の立場に立った道徳説が押し進められると、善悪をなす行為の軽重により、その報いの軽重が整理されてくる。

### 来世との関係における行為

『仏説犯戒罪報軽重経《ぶっせつぼんかいざいほうけいちょうぎょう》』(No. 1467)は、戒を犯した場合に、その犯《おか》した罪の軽・重により、その報いの軽・重を説いたものである。だが、戒を犯した場合の、罪の報いが、現世においてではなく、来世においてである点にこの経の特色がある。そして、戒を犯したものが地獄に堕《お》ち、善を修めたものが天上に生ずることを繰り返しのべているのである。

「もし比丘《びく》や比丘尼《びくに》が愧《は》ずることなく、仏語を軽んじ、学戒を犯すならば、四天王天の寿命で五百歳、人間の寿命に換算して九〇万年の間、地獄に堕ちる」という。

要約していうならば、「因縁が軽慢のゆえに、命が終わってから悪道に堕ちるのである。因縁修善なるものは、このことによって天上に生ずるのである、」ということである。

## 第二の仏教の特徴

今までにいろいろと、みてきたように、この経や第二の仏教の特徴は、輪廻《りんね》思想に立っていることである。また因果関係を単純に割り切りすぎていること、仏教をすでに、もう一つの完成したものと見なしていること、その他非合理なものや、迷信などの多いこと、仏の神格化が芽ばえて来ていることなどを特徴として指摘できるのである。

そして、これらの中で特に注意しなければならないのは、因果関係を単純に割り切りすぎることである。一般に自然現象・社会現象・心理現象などに因果関係は存するし、現在科学においてもこれらの因果関係の究明に努力している。古より人類は、昔は昔なりに、今は今なりに、因果関係を考えているのであるが、その成果には正しいもの、間違っているもの、雑なるもの、精細なるものがある。

だが、道徳説における荒っぽい因果関係の見方は特に危険である。因果関係は一般に、「AであればBである」という形をとるが、これを気をつけないと、いつのまにか、「BであればAである」と転倒してしまうのである。

われわれはABを転倒させる場合には、当然一般には、「あるBはAである」、と限量換位をしなければならないのであるが、これが無視されることが多い。

そしてこの無視が、道徳説などにおいて、現状をすべて個人的な因果に結びつけようとする立場において行なわれると、変なことになる。

「婬佚《いんしつ》を犯せば銭財を亡《うしな》う、」ことはあろう。しかし、銭財を亡うのは、婬佚を犯すことのみにはよらない。しかし、そんなことはおかまいなしに、「色の悪い人を見れば、これはみな、昔の世に、瞋恚《しんい》を喜んだことによる、」となってしまい、迷信を生む一つの大きな源泉である。

## 社会的領域の思想

第二の仏教においても、第一の仏教と同じく、社会的領域の具体的な実践においては大差ないことを、すでに前の「個人的領域の思想」のところでみてきた。

### 個人的なものに解消される

両者の違いは、具体的な実践面においてではなく、その説明や心情にあるのである。いっさいの生きものを殺さない、という一つの例をとりあげてみても、前者が、平等の思想を前面に押し出して説明するのに対し、後者は、平等ということは前面に出さずに、殺さないことより起こる結果、つまりよい再生が約束されることをのべるのである。

したがって、前者が理念や心情を重視するのに対し、後者は、ある行為によって興るところの結果に、重点が置かれてしまうのである。だからそれは、社会的ないっさいのものを、自己の関心の中に、より利己的な自己の関心の中に、含めてしまうことになる。そして、個人的なものに対する、社会的なものの、それ自身としての独立根拠を失い、個人的なものに解消されてしまうのである。

要するに、この立場は、「善・悪は心に由《よ》り、禍福は人に由る。影が形を追い、響きが声に随《したが》うようなものである。」となる。

なお、国家に関する論も、平等を前面に出さないから、おのずと、保守的・妥協的になっている。平等を前面に出せば、当然、そこには四姓制度の廃止などがさけばれてこようが、平等が前面に出ず、現世の幸福や来世の幸福に関心が向けば、現実批判の目がにぶって来《く》る。

なお、『仏説捺女祇域因縁経《ぶっせつなつじょぎいきいんねんきょう》』（No. 553）や、『仏説奈耆婆経《ぶっせつなきばぎょう》』（No. 554）には、社会組織の状況がのべられているが、それらに対して意志表示がみられない。上の経によると、国土は国王のものとみなされており、多くの小国が大国に属している封建制のような体制である。奴婢の存在は[1]一般的であったようである。

1) 仏教の奴隷観というか、仏教は奴隷を認めていない。インドでは身分的階級制度であるカーストなるものが古い時代から成立していた。その中で一番下のものが、シュードラと呼ばれる奴隷階級であった。仏教はこのようなカースト制度には反対であった。その意味では当時の社会体制を変革させる意味をもっていたわけである。

# 第二の仏教の一般的性格

## 第二の仏教のまとめ

第二の仏教の内容を今までみてきたが、それらの性格をここでまとめておいてみよう。

まず、この立場の根本思想が輪廻思想であることは確かである。そして輪廻がなり立つためには、過去・現在・未来と三世にわたって、継続するなんらかのものを認めなければならない。それゆえに、思想の系譜としては、有説に属するものと見なければならない。

これをすでにみてきた、「第一の仏教」の思想と比較してみよう。

第一の仏教の思想が、無常・無我を根本とする無説であるのに対して、第二の仏教のそれが、以上見てきたように有説であるから、この両者の思想は相入れる

仏坐像
（カトラの出土で2世紀前後のもので，菩薩という銘文がある）

ことができないのである。

したがって、この両者の思想は、別々の系譜に属するものである。

そして第二の仏教の思想の系譜を、インド思想史の内に求めるならば、仏教より前の、伝統的な宗教であるバラモン教の有説の中に、通ずるものを、見い出し得るのではなかろうか。

**思想史的位置**

一方、第一の仏教の思想は、インド思想史上に、その系譜を前の時代に見い出しえないのである。

したがって、第一のものをもって、仏教独特なものといいうるであろう。また第二のものをもって、インド伝統思想の仏教的復活のきざしとみなし得るであろう。

そして、第二の仏教の根本思想である輪廻《りんね》説は、最初は単純な型であったが、のちに五道輪廻と発展し、ついに六道輪廻として完成する。

**六道輪廻**

六道輪廻は、地獄趣《しゅ》・畜生趣・餓鬼《がき》趣・阿修羅《あしゅら》趣・人間趣・天趣の六つである。そして、どこの場所にゆくかは、ひとえに、個人の行為にかかっているのである。ここに輪廻と結びついた道徳説が生まれてくる。

その根本は因果応報・善因善果・悪因悪果ということであるが、善因・悪因の具体的内容は、第一の仏教でのべていることと、変わらないことをみてきた。したがって第一の仏教、第二の仏教を通じて、実践哲学としての特徴は、いっさいの殺生を禁じた、つまり、肉食にたよらない道を世界の根本構想としている。

だが、その説明には、両者に差異がみられる。つまり、どちらも弱肉強食・優勝劣敗を越えようとする構想を示しているのであるが、第一の仏教の場合には、平等そのものからこれを説いているのに対し、第二の仏教の場合には、このような構想を押し進めることは、天上界に行く道であると説明するのである。

このようにして、一方が平等の理念そのものから、この構想を説き、他方が個人の幸福との結びつきにおいて、この同じ構想を説いていることを知ったのである。

## 仏に対する神格化の現われ

天上や地獄をのべた経典が、この第二の仏教においては多くなってきているが、このことは、輪廻を根本思想とするかぎり、当然のことであろう。だがこのほかに、仏に対する神格化のあらわれも出てきている。この神格化は過ぎ去った釈迦仏に対する美化ということもあろうが、実はそれ以上に深い意味を蔵しているのである。このことは、原始仏教の段階においては、それほど大きな意味をもってこない。だが大乗仏教へと発展した段階においては、重大な意味をもってくるのである。この問題に関しては、また一つの大きな論述が必要となってくる。しかし、本書の課題は原始仏教の問題であるので、仏の神格化が大乗仏教との関係において、重大な問題を含んでいることを指摘するに止めておきたい。

## 社会的基盤との関係

今まで、仏教の思想をのべてきたが、最後に、仏教と社会的基盤との関係を、しらべてみたい。その場合、おもにつぎの三点から、しらべてみたい。第一の点は、どのような階級の人たちが出家の仏教者となったのか。第二の点は、どのような階級の人たちが在家信者として仏教を支持したか、第三の点は、在家信者が仏教を支持したおもなる理由はなんであるか。以上の三点についてしらべてみよう。

**出家になった人たち**

まず第一に、どのような階級の人たちが、出家の仏教者となったのであろうか。

インドではカーストと呼ばれる、階級的身分制度が釈迦の在世のころには、もうすでに厳然として存在していた。カーストの基本的なものはつぎの四つである。

祭祀《さいし》をつかさどるバラモン階級、王侯・武士であるクシャトリヤ階級、農工商にたずさわるヴァイシャ階級、奴隷であるシュードラ階級の四つである。

これら四階級のうちのどの階級から、出家の仏教者がでてきたかを今までしらべてきた、「生涯」・「思想」をおもな材料にして探してみるとき、われわれは、クシャトリヤ階級、ヴァイシャ階級から多く出ていることを知るのである。バラモン階級からも、数はそれほど多くはないが、哲学的な問題から仏教に変わっているものがある。また伝統的なバラモンとは区別される、一般修行者であるシュラマナからは、多く仏教に移っていっている。シュードラ階級からの直接の出家仏教者の例はみられなかった。また、ヴァイシャ階級の中で、おもに目立つのは、商業にたずさわる人たちであった。

したがって、人生の問題や哲学の問題で悩み、仏教に強く影響された人たちが、シュードラを除く、上位三階級から出家仏教者になっていったことがわかる。

## 仏教を支持した人たち

みずからは出家修行まではしなかったが、在家の信者として、仏教を支持した人たちは、どのような人であったろうか。

在家の信者は、バラモン階級を除く、三階級にみられる。その中でも、特に熱心な支持者は、クシャトリヤ階級では政治的な最高指導者である王や大臣であった。その代表的な例を、マガダ国のビンビサーラ王に見い出しうる。王は釈迦が悟りを開いてから竹林精舎をささげ、その後もいろいろと援助している。

ヴァイシャ階級での、特に熱心な支持者は商人たち、その中でも、当時のインドにおいて、国際的に活躍している大商人たちであった。その代表的な例が、釈迦に祇園《ぎおん》精舎をささげた、コーサラ国の大商人アナータ＝ピンダダであった。

竹林精舎や、祇園精舎のことは、多くの経典にのべられていたのであるが、近年になって、それらの広大な遺跡が発掘された。これによって、経典の記述が事実であったことが確認されている。

それでは、なぜ王や大商人たちが特に仏教を支持したのであろうか。この問題を最後に考えてみたい。

## 王・大商人が仏教を支持した理由

王も大商人も仏教を支持したが、王の場合と大商人の場合とでは直接の目的は異なる。だが、本質的な面では共通するものをもつのである。

釈迦が生きた前五・四世紀のインドの社会は、開いた社会を形成しようとしていた。つまり、今まで地方国家を単位とした閉じた社会から、小国家を合わせて中国家に、中国家を合わせて大国家へ、さらに大国家を合わせて統一国家へと、向かおうとしていた時期であったのである。

ところで、仏教の思想は、そのいちじるしい特徴として、普遍性の性格が強かった。つまり一地方や、一国や、一民族だけに通用するような閉じた教えではなかった。逆に全人類を対象とした普遍的な教えであった。このような性格があったからこそ、後に仏教が他の国々や、他の民族にまで広がっていって世界宗教となりえたのである。このことは同じインド誕生のバラモン教やジャイナ教が、民族的な性格が強いゆえにインドの外へは広がりえず、世界宗教にまで発展しなかったことを考えれば、うなずけるであろう。

この普遍的な性格が、当時、まさに、インドにおける最初の統一国家をつくろうとしていた強力な大国の王たちに、思想的な根拠を与えることになったのである。強国の王たちは、普遍的な法にもとづく、世界の統治を、「錦《にしき》の御旗《みはた》」として小国を滅ぼし、また大国どうししのぎをけずったのである。

釈迦の死後まもなく、インドは、インドにおける最初の統一国家である、マウリア王朝（紀元前三一七年ころ～紀元前一八〇年ころ）によって統一された。この王朝は、仏教を厚く保護していたマガダ国の一青年、チャンドラグプタによってつくられたのである。そして、かれの孫アショカ王が、仏教の精神にもとづいて、王勅を石柱や摩崖《まがい》という形式で各地に建てたことは、有名な歴史的事実である。

このようなことから、仏教が強力な王たちによって支持された大きな理由の一つは、かれらの世界征覇、世界統治の意傾《いけい》に対して、仏教の思想が、それへの思想的根拠を与える格好なものであったからである。

では、大商人たちが仏教を特に支持した理由は、なんであろうか。この場合も、仏教の普遍的な性格が大きな意味を、もってきているのである。大商人たちが、かれらの実力を発揮し、利益をより多くあげるためには、限られた一地方だけの商売であってはもの足りないわけである。閉じた一国の市場でも満足できない。かれらは広く、国際的に市場が拡大されていくことを望むわけである。ところが、仏教には普遍的な性格からして、開いた社会を形成する傾向や、国際性の性格が強かったわけである。

このようなわけで、大商人たちにとっては、民族主義を強調するような思想よりも、国際主義的傾向の強い仏教の思想が、かれらの好みにぴったりしたわけである。

釈迦に祇園精舎をささげた、アナータ＝ピンダダは、まさに、このような人たちの代表的なものであったろうと考えられる。かれは、当時の二大強国であったマガダ国と、コーサラ国を股《また》にかけて、手広く商売を行なっていたのである

# 釈迦年譜

（以下の年譜は釈迦の生没を、紀元前四六三年〜三八三年と仮定して、つくったものである。細かい年代よりも、事の順序を見る程度に利用してほしい。）

| おもなインドの王朝（中・北・東インド） | 西暦（紀元前） | 年齢（歳） | 年譜 | おもな社会的できごと |
| --- | --- | --- | --- | --- |
| 朝 | 四六三 | | 釈迦生まれる。同年、母マーヤー死し、母の妹マハープラジャーパティ、釈迦を養育する。 | 前五世紀　都市の成立、自由思想家群の活躍 |
| ガ | 四四六 | 一七 | ヤショーダラ妃と結婚 | |
| 朝 | | | このころ、一子ラーフラ生まれる | |
| ー | 四三四 | 二九 | 人生に悩み出家 | 五〜四世紀　文典家パーニニ |

シャイシュナ　ナンダ

| | | | |
|---|---|---|---|
| | | この間、多くの仙人をたずねる | ジャイナ教のマハーヴィーラ（四四四〜三七二ころ）<br>アージーヴァカ教のゴーサーラ（三八八ころ没） |
| 四二八 | 三五 | 覚者（仏）となる、ヴァーラーナシーで最初の説法 | |
| 四二七 | 三六 | このころ、竹林精舎《ちくりんしょうじゃ》・祇園《ぎおん》精舎を受ける。また故郷カピラヴァスツに帰る | |
| 四二四 | 三九 | このころ、シャーキャ族とコーリャ族の水争いを仲裁 | |
| 四二三 | 四〇 | このころ、ヴァイシャリーを初めて訪問<br>父シュッドダナ王死す | 五世紀初頭マガダ国隆盛<br>ラージャグリハの城壁建設 |
| 四一八 | 四六 | カウシャンビーの僧団の不和おさまる | シャーキャ族、コーサラ国のヴィドゥーダバ王に滅ぼされる |
| | | この間、諸国に布教 | |
| 三八三 | 八〇 | クシナガラで入滅。ラージャグリハの結集《けつじゅう》<br>ヴァイシャリーの結集 | 四世紀　カピラのサーンキャ思想<br>四世紀　マハーバーラタの形成始まる<br>三二七〜三二六　アレクサンドロス大王インドに侵入 |

# 参考文献

ここでは、日本語で書かれたもののうちで、今でも、比較的手に入りやすいと思われるものを、あげてみた。外国語による研究は、これらによって、みていただきたい。

新釈尊伝　渡辺照宏　大法輪閣　昭41
釈尊の生涯　水野弘元　春秋社　昭35
釈尊のことば　中村　元　春秋社　昭33
ゴータマ・ブッダ　中村　元　法蔵館　昭30
釈　迦　金倉円照　生活社　昭21

つぎに直接仏典を読まれるのがよいと思う。著者が資料に用いた漢訳はほとんど和訳されていないが、幸いにセイロン上座部に伝えられたものが、つぎのものにすべて和訳されている。

南伝大蔵経　六五巻　高楠順次郎監修　大蔵出版社　昭10～16

入手しやすいものとしては、つぎのものがある。

ブッダのことば　中村　元訳　岩波文庫　昭33
法　句　経　荻原雲来訳　岩波文庫　昭10

この二つは、南伝の仏典のうちでも、もっとも古い経典である。

# さくいん

—完—

釈《しゃ》　迦《か》■人と思想4　　定価はカバーに表示

1967年6月15日　第1刷発行©
2015年9月10日　新装版第1刷発行©
2018年2月15日　新装版第2刷発行

・著　者　…………………………………副島《そえじま》　正光《まさみつ》
・発行者　…………………………………野村久一郎
・印刷所　……………………法規書籍印刷株式会社
・発行所　………………………株式会社　清水書院

〒102-0072　東京都千代田区飯田橋3-11-6
Tel・03(5213)7151～7
振替口座・00130-3-5283
http://www.shimizushoin.co.jp

検印省略
落丁本・乱丁本は
おとりかえします。



CenturyBooks

Printed in Japan
ISBN978-4-389-42004-8

CenturyBooks

## 清水書院の〝センチュリーブックス〟発刊のことば

近年の科学技術の発達は、まことに目覚ましいものがあります。月世界への旅行も、近い将来のこととして、夢ではなくなりました。しかし、一方、人間性は疎外され、文化も、商品化されようとしていることも、否定できません。

いま、人間性の回復をはかり、先人の遺した偉大な文化を継承して、高貴な精神の城を守り、明日への創造に資することは、今世紀に生きる私たちの、重大な責務であると信じます。

私たちがここに、「センチュリーブックス」を刊行いたしますのは、人間形成期にある学生・生徒の諸君、職場にある若い世代に精神の糧を提供し、この責任の一端を果したいためであります。

ここに読者諸氏の豊かな人間性を讃えつつご愛読を願います。

一九六六年

SHIMIZU SHOIN

## 【人と思想】既刊本

| | |
|---|---|
| 老子 | 高橋進 |
| 孔子 | 内野熊一郎他 |
| ソクラテス | 中野幸次 |
| 釈迦 | 副島正光 |
| プラトン | 中野幸次 |
| アリストテレス | 堀田彰 |
| イエス | 八木誠一 |
| 親鸞 | 古田武彦 |
| ルター | 小牧治・泉谷周三郎 |
| カルヴァン | 渡辺信夫 |
| デカルト | 伊藤勝彦 |
| パスカル | 小松摂郎 |
| ロック | 浜林正夫他 |
| ルソー | 中里良二 |
| カント | 小牧治 |
| ベンサム | 山田英世 |
| ヘーゲル | 澤田章 |
| J・S・ミル | 菊川忠夫 |
| キルケゴール | 工藤綏夫 |
| マルクス | 小牧治 |
| 福沢諭吉 | 鹿野政直 |
| ニーチェ | 工藤綏夫 |
| J・デューイ | 山田英世 |
| フロイト | 鈴村金彌 |
| 内村鑑三 | 関根正雄 |
| ロマン=ロラン | 村上嘉隆・村上益子 |
| 孫文 | 横山英・中山義弘 |
| ガンジー | 坂本徳松 |
| レーニン（品切） | 中野徹三・高岡健次郎 |
| ラッセル | 金子光男 |
| シュバイツァー | 泉谷周三郎 |
| ネルー | 中村平治 |
| 毛沢東 | 宇野重昭 |
| サルトル | 村上嘉隆 |
| ハイデッガー | 新井恵雄 |
| ヤスパース | 宇都宮芳明 |
| 孟子 | 加賀栄治 |
| 荘子 | 鈴木修次 |
| アウグスティヌス | 宮谷宣史 |
| トーマス・マン | 村田經和 |
| シラー | 内藤克彦 |
| 道元 | 山折哲雄 |
| ベーコン | 石井栄一 |
| マザーテレサ | 和田町子 |
| 中江藤樹 | 渡部武 |
| ブルトマン | 笠井恵二 |
| 本居宣長 | 本山幸彦 |
| 佐久間象山 | 奈良本辰也・左方郁子 |
| ホッブズ | 田中浩 |
| 田中正造 | 布川清司 |
| 幸徳秋水 | 絲屋寿雄 |
| スタンダール | 鈴木昭一郎 |
| 和辻哲郎 | 小牧治 |
| マキアヴェリ | 西村貞二 |
| 河上肇 | 山田洸 |
| アルチュセール | 今村仁司 |
| 杜甫 | 鈴木修次 |
| スピノザ | 工藤喜作 |
| ユング | 林道義 |
| フロム | 安田一郎 |
| マイネッケ | 西村貞二 |
| エラスムス | 斎藤美洲 |
| パウロ | 八木誠一 |
| ブレヒト | 岩淵達治 |
| ダンテ | 野上素一 |
| ダーウィン | 江上生子 |
| ゲーテ | 星野慎一 |
| ヴィクトル=ユゴー | 辻昶・丸岡高弘 |
| トインビー | 吉沢五郎 |
| フォイエルバッハ | 宇都宮芳明 |

| | |
|---|---|
| 平塚らいてう | 小林登美枝 |
| フッサール | 加藤　精司 |
| ゾ　ラ | 尾崎　和郎 |
| ボーヴォワール | 村上　益子 |
| カール=バルト | 大島　末男 |
| ウィトゲンシュタイン | 岡田　雅勝 |
| ショーペンハウアー | 遠山　義孝 |
| マックス=ヴェーバー | 住谷一彦他 |
| D・H・ロレンス | 倉持　三郎 |
| ヒューム | 泉谷周三郎 |
| シェイクスピア | 福田陸太郎<br>菊川　倫子 |
| ドストエフスキイ | 井桁　貞義 |
| エピクロスとストア | 堀田　彰 |
| アダム=スミス | 浜林　正夫<br>鈴木　亮 |
| ポパー | 川村　仁也 |
| フンボルト | 西村　貞二 |
| 白楽天 | 花房　英樹 |
| ベンヤミン | 村上　隆夫 |
| ヘッセ | 井手　賁夫 |
| フィヒテ | 福吉　勝男 |
| 大杉栄 | 高野　澄 |
| ボンヘッファー | 村上　伸 |
| ケインズ | 浅野　栄一 |
| エドガー=A=ポー | 佐渡谷重信 |
| ウェスレー | 野呂　芳男 |
| レヴィ=ストロース | 吉田禎吾他 |
| ブルクハルト | 西村　貞二 |
| ハイゼンベルク | 小出昭一郎 |
| ヴァレリー | 山田　直 |
| プランク | 高田　誠二 |
| ラヴォアジエ | 中川鶴太郎 |
| T・S・エリオット | 徳永　暢三 |
| シュトルム | 宮内　芳明 |
| マーティン=L=キング | 梶原　寿 |
| ペスタロッチ | 長尾十三二<br>福田　弘 |
| 玄　奘 | 三友　量順 |
| ヴェーユ | 冨原　眞弓 |
| ホルクハイマー | 小牧　治 |
| サン=テグジュペリ | 稲垣　直樹 |
| 西光万吉 | 師岡　佑行 |
| ヴァイツゼッカー | 加藤　常昭 |
| メルロ=ポンティ | 村上　隆夫 |
| オリゲネス | 小高　毅 |
| トマス=アクィナス | 稲垣　良典 |
| ファラデーと　マクスウェル | 後藤　憲一 |
| 津田梅子 | 古木宜志子 |
| シュニツラー | 岩淵　達治 |
| タゴール | 丹羽　京子 |
| カステリョ | 出村　彰 |
| ヴェルレーヌ | 野内　良三 |
| コ　ル　ベ | 川下　勝 |
| ドゥルーズ | 鈴木　亨 |
| 「白バラ」 | 関　楠生 |
| リジュのテレーズ | 菊地多嘉子 |
| リッター | 西村　貞二 |
| プルースト | 石木　隆治 |
| ブロンテ姉妹 | 青山　誠子 |
| ツェラーン | 森　治 |
| ムッソリーニ | 木村　裕主 |
| モーパッサン | 村松　定史 |
| 大乗仏教の思想 | 副島　正光 |
| 解放の神学 | 梶原　寿 |
| ミルトン | 新井　明 |
| ティリッヒ | 大島　末男 |
| 神谷美恵子 | 江尻美穂子 |
| レイチェル=カーソン | 太田　哲男 |
| オルテガ | 渡辺　修 |
| アレクサンドル=デュマ | 辻　昶<br>稲垣　直樹 |
| 西　行 | 渡部　治 |
| ジョルジュ=サンド | 坂本　千代 |
| マリア | 吉山　登 |